Stephen Cottrell

TU NICHTS

und ändere dein Leben!

Der Abschied vom Leistungsdruck

Aus dem Englischen übersetzt
von Frederike Gralle

aussaat

Für Joseph, Benjamin und Samuel;
mit einer Entschuldigung,
dass ich nicht immer umsetze, was ich predige.

Die englische Originalausgabe ist unter dem Titel „Do Nothing to Change your Life" by Stephen Cottrell erschienen. Church House Publishing, 2007 is copyright © Stephen Cottrell 2007. This translation of "Do Nothing to Change your Life" is published by arrangement with Church House Publishing, the publishing arm of the Archbishops' Proprietor of the Church of England.

Die Bibelstellen sind der Übersetzung „Hoffnung für alle" entnommen,
© 1983, 1996, 2002 by International Bible Society.
Übersetzung, Herausgeber und Verlag: Brunnen Verlag, Basel und Gießen.
Verwendet mit freundlicher Genehmigung des Verlags.

Neukirchener Verlagsgesellschaft mbH, Neukirchen-Vluyn
www.nvg-medien.de
Umschlaggestaltung: Andreas Sonnhüter, Düsseldorf
Lektorat: Jutta Schierholz, Berlin
Satz: Matthias Schneider, Essen
Verwendete Schriften: Kontrapunkt, Metroflex, Myriad Pro
Druck und Verarbeitung: Bercker Grafischer Betrieb, Kevelaer
Printed in Germany
ISBN 978-3-7615-5763-1

Das Leben ist kein Eilen
in eine schwindende Zukunft, noch ein Sehnen
nach einer erfundenen Vergangenheit.
Es ist das Umdrehen
zum Wunder wie Mose
zum brennenden Busch, zu einem Leuchten,
das vergänglich scheint wie einst deine Jugend,
aber doch die Ewigkeit ist, die dich erwartet.

R. S. Thomas, The Bright Field

Warum ist es so schwer, in kurzer Zeit all die Dinge zusammenzufassen, die wir durch unser Lebendigsein hier auf der Erde gelernt haben? Warum kann ich nicht einfach zu dir sagen: ‚In zehn Minuten wirst du vom Bus überfahren, also musst du in den zehn Minuten kurz aufzählen, was du gelernt hast durch das Leben hier.' Wahrscheinlich wäre deine Liste leer. Und auch wenn du deine ganze Konzentration darauf verwenden würdest, bliebe deine Liste immer noch leer. Und trotzdem wissen wir im Tiefsten unseres Herzens, dass wir die großartigsten und tiefgründigsten Dinge lernen, indem wir atmen, sehen, fühlen und uns ver- und entlieben.

Douglas Coupland, Life after God

Kehrt doch um zu mir, und werdet ruhig, dann werdet ihr gerettet.

Jesaja 30,15

INHALT

KAPITEL 1

Warum es so schwierig ist innezuhalten

Man muss sich schon ein bisschen Zeit gönnen, in der man nichts aktiv unternimmt, um Dinge ins Laufen zu bringen, die unserem Verstand das Denken ermöglichen.

Mortimer Adler

Stellen wir uns dieses ganze Buch einmal als eine Art Expedition vor, die versucht, die Dynamik und Möglichkeiten jedes einzelnen Momentes zu erforschen – ein ewiges Jetzt.

Aber vielleicht ist das für den Anfang auch etwas zu schwere Kost.

Vielleicht sollte ich mich einfach nur umdrehen und noch eine Stunde weiterschlafen und ein bisschen träumen. Oder in die Küche gehen und mir einen Tee machen. Oder mir ein schönes heißes Bad einlassen und mich einer herrlichen Methode der Zeitvergeudung hingeben: Dazu ziehe ich nämlich, wenn das Badewasser langsam kalt wird, mit einem Fuß den Stöpsel und drehe mit dem anderen das heiße Wasser auf, sodass das Wasser in gleichem Maße nachkommt, wie es abfließt. Aber was für eine Verschwendung! Es gibt heutzutage so viele Menschen auf der Welt, die nicht mal ein Glas Wasser zu trinken haben, geschweige denn eine ganze Badewanne voll. Ich sollte wirklich mehr an andere denken! Ich sollte mich mal etwas Sinnvollem widmen. Und trotzdem habe ich dieses untrügerische Gefühl, dass alle wirklich wichtigen Dinge, über die ich je nachgedacht habe, aus den Tiefen einer Zeit kamen, in denen ich gewartet, die ich verschwendet habe. Doch es war für mich gar keine verschwendete Zeit, sondern einfach eine anders genutzte. Und ich habe diese furchtbare Angst, dass ich eines Tages morgens nicht mehr länger im Bett liegen und in der Badewanne entspannen werde. Was für ein grausamer Gedanke; einer der mich darin bestärkt, mich noch einmal tief unter meiner Bettdecke zu vergraben und mich fest einzuwickeln, falls die unerbittliche Effizienz der Welt mit ihren tickenden Uhren und vollen Zeitplänen und unnachgiebigen Deadlines mich heimsuchen sollte.

Aber es gibt Hilfe, oder wenigstens eine Erinnerung daran, dass die Welt nicht ganz so wichtig ist, wie sie uns gerne glauben macht. Eines meiner Kinder ist inzwischen Teenager. Er sieht das Leben anders. Jeden Tag bewundere ich seine fantastische Fähigkeit, endlos lange im Bett zu bleiben. Ich beschwere mich über ihn – das erwartet man schließlich von Eltern –, aber eigentlich bin ich neidisch. Heimlich beobachte ich das gewagte Maß seiner Trägheit und bin voller Neid.

Was mir noch mehr Sorgen macht, ist die Tatsache, dass ich andere Eltern von Teenagern treffe, die diese erstaunliche Fähigkeit ihrer Sprösslinge bemängeln und recht selbstgefällig bemerken, dass sie nicht mal so lange im Bett bleiben könnten, wenn sie wollten. Also, ich könnte das. Meine Gelegenheiten dafür sind recht selten – aber wenn ich mir selbst überlassen und frei wäre vom Tumult der Arbeitswelt und keine Kinder zu hüten wären, dann, da bin ich mir sicher, könnte ich es immer noch. Dann könnte ich immer noch bis mittags schlafen.

Natürlich weiß ich, dass sich mit dem Alter auch das Schlafbedürfnis und die Umstände ändern. Viele ältere Leute können nicht lange ausschlafen, selbst wenn sie es sich vornähmen. Aber was ich vergesse, ist Folgendes: Nicht körperliches Befinden hält mich davon ab, sondern ein innerer Zwang scheint mir zu suggerieren, dass es falsch ist.

Und trotzdem fand ich erst gestern morgen so eine Gelegenheit für wohliges Nichtstun. Ich schreibe dies am Ende der Weihnachtsfeiertage und die Kinder sind noch nicht wieder in der Schule. Sie waren von selbst aufgestanden und sahen fern. Mein jugendlicher Sohn war (natürlich) noch im Bett. Und ich schlief aus. Halb schlief ich, halb war ich wach und genoss mehrere Stunden lang diese träumerische Übergangsphase, die sich zwischen Bewusstsein und Schlaf versteckt. Etwa um neun stand ich auf, ließ meine Frau weiterschlafen und machte uns beiden einen Tee. Diesen nahm ich mit zurück ins Bett und ließ ihn kalt werden. Ich döste eine weitere halbe Stunde vor mich hin, dann schlief ich noch ein wenig und stand irgendwann gegen 11 Uhr auf. Es war einer der besten Morgen, die ich seit langem gehabt hatte. Ich würde es nicht jeden Morgen so haben wollen. Aber ich will es irgendwann wiederholen, und später werde ich Ihnen auch erzählen, warum.

Ich könnte behaupten, dass ich so lange schlief, weil ich so überarbeitet war und so viel zu erledigen hatte, dass ich es mir verdient hatte. Aber das stimmt nicht ganz. Ich war tatsächlich sehr beschäftigt gewesen und hatte hart gearbeitet, aber ich hatte die Hälfte der vergangenen Woche frei gehabt. Es hatte mich fast die ganze Woche gekostet, all die Hektik meiner Arbeit abzuschütteln, damit ich auch nur halbwegs die Chance hatte, einen Zustand zu erreichen, in dem ich entspannt und faul sein konnte. Ich will nicht so tun, als ob Ruhe und Vergnügen nur als Belohnung für eine erbrachte Leistung zulässig sind. Sie führen uns vielmehr an einen Punkt, an dem wir uns selbst neu entdecken, und zu neuer Kreativität.

Wir müssten uns eigentlich wehren gegen die eitle Arroganz derjenigen, die behaupten, diese Fähigkeit verloren zu haben – entweder weil sie sich nicht trauen, ihr heimliches Vergnügen zuzugeben, oder aber, was noch viel schlimmer ist, weil sie tatsächlich zu dem Schluss gekommen sind, dass Ausschlafen im Grunde moralisch bedenklich ist. Und dass es ein Affront gegen die allgemeingültige Arbeitsmoral der westlichen Gesellschaft ist, die uns sagt, dass wir immer nur fleißig sein müssen. Die Scham kann ich verstehen: Niemand von uns kann sich der verrückten Achterbahn unserer „Jeder-muss-rund-um-die-Uhr-alles-tun-was-möglich-ist"- Kultur, in der wir nun mal leben, erfolgreich entziehen. Sogar als ich gerade die Worte „Ich stand gegen 11 Uhr auf" schrieb, hat mein schlechtes Gewissen mich kurz gepiekst. Sollte ich vielleicht lieber 10 Uhr schreiben? Ist es ein Verbrechen an unserer Betriebsamkeitskultur, wenn ich meine Faulheit zugebe? Denn genau das schwingt ja mit. Scham, schlechtes Gewissen und Arbeitsstress haben die Oberhand behalten. Man funktioniert nur noch in einem Zustand: dem der vollständigen Überarbeitung. Entweder das oder der Tod. Geben deshalb so viele Männer den Geist auf, sobald sie in Rente sind? Wahrscheinlich haben sie nie gelernt, nichts zu tun.

Und deshalb freue ich mich an jeder Gelegenheit auszuschlafen, die sich mir bietet. Ich ergreife sie, ich schwelge in ihr, ich schiebe mein schlechtes Gewissen zur Seite und aale mich in diesen großartigen Momenten des Müßiggangs. Und ich suche auch nach anderen Möglichkeiten, um innezuhalten und die Welt an mir vorüberziehen zu lassen. Meine Lehrer hatten Recht: Ich bin ein Träumer. Das Problem ist nur, dass der Träumer zu lange wachgehalten wurde. Der Schlafentzug des modernen Lebens hat alle Kreativität erstickt.

Ich kann mich erinnern, wie ich, als ich noch jünger war, nicht nur im Bett lag, sondern auch stundenlang auf dem Sofa Musik hörte. Ich kann mich erinnern, wie ich spazieren ging, ohne Anlass und ohne wirkliches Ziel, einfach nur stundenlang ging, nachdachte und herumstreunte. Ich kann mich erinnern, wie ich als ziemlich kleiner Junge mal unter einem Kastanienbaum lag und in die Äste hochsah und dachte, wie lebendig und üppig er doch war. Ich ruhte nicht nur in seinem Schatten aus, sondern irgendwie in ihm selbst. Das alles gehört zu der Person, die ich bin, aber zurzeit scheint sie mir gänzlich abhanden gekommen zu sein. Ich bin viel zu beschäftigt, und ich habe dieser Geschäftigkeit erlaubt, mein Leben so zu durchdringen, dass es immer schwieriger wird, mit diesem anderen Teil von mir in Kontakt zu bleiben, der von Kreativität und sorgloser Verschwendung genährt wird.

Wenn ich aber doch mit ihm in Kontakt trete, passieren wundervolle Dinge. Ich bin dann nicht mehr nur ich selbst – auch wenn das allein schon eine Freude ist –, sondern ich bringe auch Dinge hervor.

So, jetzt muss ich aber wirklich aufstehen. Sonst ist es genauso schlimm wie gestern und ich werde mitten am Vormittag immer noch im Bett liegen. Ich bin mir sicher, dass es ein paar wichtige Dinge gibt, die ich erledigen sollte. Aber lassen Sie mich noch kurz erzählen, was letztes Jahr auf dem Flughafen in Dublin passiert ist. Es wird die herrliche Kunst des Nichtstuns noch etwas deutlicher machen und zeigen, wohin sie führen kann.

Ich war als Redner auf einer Konferenz eingeladen gewesen. In London stieg ich in ein Flugzeug und verbrachte mit einer paar anderen Geistlichen aus der Diözese von Dublin und Glendalough ein paar wunderbare Tage in Dublin. Mein Rückflug sollte um halb vier gehen. Das dachte ich jedenfalls. Ich musste mindestens eine Stunde vor Abflug einchecken und man brachte mich sogar schon um kurz nach zwei zum Flughafen.

Als ich dann auf mein Ticket schaute, musste ich feststellen, dass mein Flug sogar erst um halb acht ging. Irgendwie hatte ich mich verlesen oder es mir falsch gemerkt. Mir war es etwas peinlich, deshalb sagte ich nichts zu meinen Begleitern. Ich verabschiedete mich und versuchte dann einen früheren Flug zu bekommen. Es gab zwar einen, aber nur mit heftigem Aufpreis. Den konnte ich mir weder leisten noch vor mir selbst rechtfertigen, und so stellte ich mich auf einen fünfstündigen Aufenthalt im Dubliner Flughafen ein. Dieser ist nicht gerade groß und nach etwa einer Stunde hatte ich alle Geschäfte abgeklappert, die Zeitung durchgelesen und einen Kaffee getrunken. Trotzdem hatte ich noch vier weitere Stunden vor mir.

Ich spürte in mir eine rastlose Ungeduld aufkeimen. Ich war wütend auf mich selbst, weil ich mich in der Uhrzeit geirrt hatte. Die Situation ärgerte mich: so viel Zeit einfach verschwendet. Die Minuten verstrichen quälend langsam. Die Stunden vor mir erschienen wie eine unwillkommene Ewigkeit. Aber dann, unmerklich, kam eine Ruhe über mich. Die nächsten vier Stunden mussten ja gar kein Problem darstellen. Sie mussten gar nicht verschwendet sein. Sie könnten vielmehr auch ein Geschenk sein. Und als dieser Gedanke sich in mir festsetzte, war ich auf einmal in der Lage, einfach nur dazusitzen und still zu werden. Zufriedenheit zu erleben, ohne mich beschäftigen zu müssen. Ich konnte entspannen und einfach nur sein.

Die Geschäftigkeit des Flughafenterminals dröhnte und brummte zwar weiter um mich herum, aber jetzt war ich seltsamerweise Teil der Menge, ohne von ihr vereinnahmt zu werden.

Ich trank noch einen Kaffee. Ich spazierte ein bisschen herum, aber dieses Mal war ich glücklich damit, einfach nur herumzugehen und nachzudenken und nicht an die Zeit zu denken oder daran, was ich am besten mit ihr anstellen sollte. Nach ein paar Stunden holte ich mir etwas zu essen. Und dann ein Bier. Und als ich in der Bar saß, wanderten meine Gedanken unwillkürlich zu ein paar halbgaren Ideen für ein Gedicht, das ich vor vielen Jahren einmal begonnen hatte. Ich holte mein Notizbuch heraus (das ich immer bei mir habe) und fing an, mit ein paar Ideen herumzuspielen.

Langsam entstand daraus ein Gedicht. Kein besonders gutes. Kein Gedicht, das ich hier unbedingt abdrucken würde. Kein Gedicht, das in sich selbst von großer Bedeutung ist. Es hätte genauso gut auch ein Bild sein können oder eine Skizze, oder ich hätte auch mein Strickzeug rausholen können. Es hätte auch ein Nickerchen oder Tagtraum sein können. Oder es hätte auch passieren können, dass ich mich in diesen Momenten des sorglosen Träumens daran erinnert hätte, dass ich gerne Gedichte schrieb/Gartenarbeit liebte/Motorräder reparierte/wilde Blumen presste … Unterstreichen Sie das Entsprechende oder fügen Sie Ihre eigenen Tagträume hinzu.

Wichtig ist nur, was passierte. Etwas in mir erwachte zum Leben, während ich scheinbar gar nichts tat. Ich hatte gedacht, mein Flug sei das Abendprogramm, aber die unfreiwillige Verzögerung schickte mich auf eine viel aufregendere Reise. Da ich festsaß, war es mir möglich, in mich selbst hineinzureisen: Zurück zu dem Teil in mir, der jahrelang geschlummert hatte und von all der arbeitsamen Geschäftigkeit verdrängt worden war. Früher hatte ich viele Gedichte geschrieben. Genauso wie viele von uns früher gejoggt sind oder gehäkelt oder Azaleen gepflanzt haben. Und auch wenn es stimmt, dass zum Dichten (und zu vielen anderen Dingen) Disziplin ebenso nötig ist wie Sehnsucht: Wenn keine Sehnsucht da ist, wird auch keine Disziplin der Welt jemals ein Gedicht produzieren. Als ich so im Flughafen herumsaß, entdeckte ich paradoxerweise, dass die Disziplin, die ich brauchte, die Disziplin der ... und da haben wir schon gleich ein Problem: wie soll man sie denn nennen? Ich bin versucht, das Wort „Trägheit" zu benutzen, weil es sich danach anfühlt. Aber kann die Verwendung dieses Wortes überhaupt etwas Positives vermitteln, wenn die Kultur um uns herum das Nichtstun als Vakuum betrachtet und ablehnt? Wenn ich darüber rede, was passiert, wenn wir nichts tun, geht es mir nicht darum, zur Faulheit aufzurufen. Ich will vielmehr das feiern, was passiert, wenn wir uns trauen, innezuhalten und dieser inneren Verborgenheit auf die Spur kommen, wo Ruhe und Vergnügen in wilde, unvorhergesehene und kreative Wege münden.

Ich war mir immer dessen bewusst, dass das Schreiben von Gedichten mir dabei geholfen hat, mich selbst und die Welt um mich herum zu verstehen. Deshalb glaube ich, dass ich, wenn ich Gedichte schreibe, ein besserer Mensch bin – oder besser: mehr der Mensch, der ich sein soll – und eher in der Lage bin, zu geben und von anderen zu empfangen. Aber da dieser Teil von mir durch all die anderen Dinge in meinem Leben verloren gegangen oder überdeckt worden ist, bin ich weniger die Person, die ich sein sollte, wenn ich keine Gedichte schreibe. Das wirkt sich nicht nur negativ auf mein persönliches Wohlbefinden aus, sondern auch auf das der Menschen um mich herum und letztlich auf das Allgemeinwohl.

Und der Prozess des Schreibens im Flughafen (egal ob das Gedicht selbst besonders gut war oder nicht) brachte mich mit diesem essentiellen Teil meiner Persönlichkeit wieder in Verbindung und beflügelte deshalb meine Stimmung und auch die meiner Mitmenschen. Und so erinnere ich mich jetzt hier, ein Jahr später, an diese glücklichen Stunden im Dubliner Flughafen. Und der Grund, warum ich mich so gut an sie erinnere, ist nicht der, dass das, was ich dort erlebte, so real, so essentiell war, sondern einfach der, dass das nicht sehr oft passiert. Meine Rückkehr nach London war eine Rückkehr in die hektischen Tretmühlen von Abgabefristen und Aufgabenbereichen.

Damit Sie jetzt nicht denken, dieses Buch habe sich schon von der Realität verabschiedet, bevor es überhaupt richtig losging: Natürlich bin ich mir darüber im Klaren, dass unser Leben die meiste Zeit über zwangsläufig anders verläuft. Wir haben unsere Verpflichtungen und wir müssen die Anforderungen akzeptieren, die diese mit sich bringen. Es ist nur so, dass der kleine Junge, der damals im Matheunterricht hätte aufpassen sollen, aber stattdessen aus dem Fenster starrte und träumte, noch immer in mir weiterlebt. Und der will zum Spielen nach draußen gehen.

Hier ist die erste von mehreren verblüffend einleuchtenden und doch nur selten erprobten Aussagen, um die es in diesem Buch gehen wird. Ich habe herausgefunden, dass die meisten wirklich bedeutenden Dinge, die ich gelernt oder gedacht oder in meinem Leben erlebt habe, aus diesem Ort der Träume entspringen. Ich beunruhige mich selbst und mich beunruhigt die Welt, wenn jede Stunde des Tages mit Aktivitäten gefüllt ist, die alle Träume wegnehmen und Platz weder zum Spielen noch für die Stille lassen.

Eine aktuelle Umfrage hat die düstere Statistik veröffentlicht, dass man heute nicht nur länger arbeitet als noch vor 30 Jahren, sondern dass die Menschen auch durchschnittlich zwei Stunden weniger pro Nacht schlafen. Die ganzen Maschinen und Apparate, die uns dabei helfen sollten, Zeit einzusparen, haben es lediglich geschafft, dass wir nur noch höhere Erwartungen daran stellen, wie schnell jemand antwortet und was wir noch alles in unseren Tag stopfen könnten. Wenn man aber innehält und zur Ruhe kommt und wenn man anfängt zu träumen, kommt man auf alle möglichen Gedanken.

KAPITEL 2

Warum es absolut notwendig ist, exzentrisch zu sein

Man kriegt immer nur einen kleinen Funken Wahnsinn ab – und den darf man nicht verlieren.

Robin Williams

Ich will Ihnen mal erzählen, was mir neulich passiert ist. Ich war in der Stadt einkaufen, war sicher sehr effizient, aber gestresst, und rannte von einem Laden zum nächsten, um alles zu bekommen, was ich brauchte. Und der Einkauf selbst war auch nur zwischen andere wichtige Termine gequetscht, und natürlich nahm ich mir nicht die Zeit, kurz innezuhalten und nichts zu tun. Und plötzlich ging ein Mädchen an mir vorbei, das ein T-Shirt trug, auf dem die Worte standen: „Galileo hatte Unrecht. Ich bin das Zentrum des Universums."

Ich blieb wie angewurzelt stehen (ich dachte sofort an eine Predigtillustration!). Ich bin mir sicher, dass das Mädchen die Ironie des Satzes lustig fand. Gleichzeitig bot die atemberaubende Arroganz darin einen unbarmherzigen Einblick in die conditio humana und die besonderen Eitelkeiten unserer heutigen Kultur: Ein Scheinwerfer auf unsere Egozentrik, weil wir uns tatsächlich als das Zentrum des Universums verstehen.

Vielleicht haben wir Gott aufgegeben. Wir haben keine Verwendung mehr für dieses armselige Requisit. Vielleicht haben wir auch aufgehört zu glauben, dass Politiker wirklichen Fortschritt durchsetzen können. Aber trotzdem bleibt da eine unerklärliche Sehnsucht, das Leben verstehen zu wollen – die Ursache und Wirkung, die großen Fragen über den „Sinn des Lebens" und unserer Funktion darin – diese Fragen scheinen in uns eingebrannt zu sein. Aber nun, da alle großen Versprechungen im Sande verlaufen sind, können wir nichts anderes mehr tun, als den Kompass vom Universum auf uns auszurichten. Ich bin der hellste Stern der Galaxie. Und alles andere dreht sich um mich, auf einer festen Umlaufbahn, um mich selbst als den Mittelpunkt.

Die Menschen haben schon immer dazu geneigt, so zu denken, aber in unserer heutigen Situation ist die Verführung noch größer als sonst. Es ist ja nicht so, dass wir keine anderen Menschen mehr wollen oder brauchen würden (wir wollen und brauchen sie sogar mehr denn je, weil sie uns die Anerkennung geben, die wir brauchen). Es ist nur so, dass sie nicht wirklich eigenständig als ebenbürtige Darsteller mit uns auf der Bühne stehen, sondern vielmehr als Satelliten um uns herumkreisen und uns zum Strahlen bringen sollen. Was kommt danach? Darüber denken wir nicht nach, weil das Ende unseres Lebens ja auch das Ende von allem anderen ist.

Um unsere Arroganz weiter zu untermauern, wird es immer notwendiger, dass wir uns von allem distanzieren, was uns wieder in Verbindung mit der essentiellen, unabhängigen „Andersheit" der anderen Dinge und Menschen bringen könnte. Also sorgt man sich um andere Menschen nur insoweit, als ihr Leben einen Einfluss auf das eigene hat – das heißt, insoweit sie uns positiv anstrahlen. Und wir sorgen uns nicht mehr um die Menschen, die unser Leben nicht berühren. Es ist, als ob sie gar nicht existieren würden. Alle Probleme dieser Welt, Teenager-Schwangerschaften, Fair Trade, Rassenhass oder religiöse Intoleranz ... Sie alle sind absolut bedeutungslos, weil sie unser Leben nicht beeinträchtigen. Folglich entwickelt sich bei uns auch kein Interesse für weiterreichende Themen wie Frieden und soziale

Gerechtigkeit, wenn diese nicht direkt mit uns zu tun haben. „Ich bin nicht schwanger. Der Wasserspiegel in unserer Stadt steigt nicht an. Ich habe kein AIDS. Ich wurde noch nie wegen meiner Hautfarbe angepöbelt. An meiner Katze hat noch nie jemand Versuche durchgeführt. Warum sollte ich mir also darum kümmern?" Das ist die Einstellung der Selbstliebe, die uns schon früh beigebracht wird.

Ab und zu berührt uns eines dieser Themen dann doch und wir werden für kurze Zeit leidenschaftlich versuchen, die Welt in diesem einen Punkt zu verändern. Aber wir schaffen es nicht, die Verbindung zu all den anderen Dingen herzustellen, die die Welt daran hindern, sich positiv zu entwickeln. Die Politik, so sagen wir uns, hat genauso wie die Religion nur Probleme geschaffen, aber nie welche gelöst.

Aber schon während wir das sagen, verschiebt sich das Fundament unserer Weltanschauung ein wenig. Um selbst im Zentrum zu bleiben und um das Ende des Universums abzuwehren (das ja auch unser Ende bedeuten würde), muss viel getan werden, wenn der innere Friede und die äußere Schönheit erhalten bleiben sollen. Und aus dem Sammelsurium von New-Age-Spiritualität, Philosophie und Selbsthilfe-Strategien wird das perfekte Credo von einer beruhigenden Selbsttäuschung geschaffen, in dem Kristalle, Kräuter, Beschwörungsformeln und eine hohe Dosis „positives Denken" den Schmerz der Selbstzerstörung betäuben. Mit Cremes und Tinkturen, Designer-Labels, Operationen, Botox, Collagen-Injektionen und strengen Fitness- und Diätplänen kämpfen wir gegen den unaufhaltsamen Verfall unseres Körpers.

Und sogar hier kann man ein hässliches Paradox in der Kultur erblicken. Es wird von uns erwartet, dass wir unser Ich in den Mittelpunkt stellen und uns an unserer eigenen

Weiterentwicklung erfreuen. Gleichzeitig werden wir ständig mit Vorstellungen davon bombardiert, wie wir auszusehen und zu leben haben. Die einzige Konsequenz, die wir daraus ziehen können, ist die, dass es nicht gut genug ist, wenn ich einfach nur „ich selbst" bin. Es ist quasi unmöglich, den Fernseher einzuschalten oder eine Zeitschrift aufzuschlagen, ohne mit der jugendlichen Version einer sexuell aufgeladenen und durchtrainierten Menschheit konfrontiert zu werden. Damit einher geht das leere Versprechen, dass dieses Auto, dieses Parfum, diese Diät oder dieser chirurgische Eingriff die körperliche/finanzielle/sexuelle Erfüllung bringen wird, die Sie sich so wünschen. Aber nichts davon erfüllt sich. Oder, genauer gesagt: Es bringt Ihnen so viel, dass Sie davon abhängig werden.

Wir tragen also dieses T-Shirt, aber seine Aussage, dass „ich" das Zentrum des Universums bin, hat jetzt etwas Verzweifeltes. Denn die eigentliche Wahrheit ist die, dass wir uns gar nicht danach fühlen. Wir tun so, als ob wir genau das wollte, und sehnen uns danach wie ein Junkie. Aber wir merken erst jetzt, dass wir, um es tatsächlich zu bekommen, eigentlich jemand anders sein wollen. Unsere eigene erbärmliche Figur, die wir abgeben, ist zu fett, zu alt, zu hässlich, zu arm, zu normal (zu menschlich, zu zerbrechlich). Eigentlich hassen wir uns selbst. Das ist es, was passiert, wenn wir glauben, das Zentrum des Universums zu sein. In diesem Zentrum gibt es nichts außer unserer Selbstverachtung und dem vergeblichen Wunsch, doch jemand anders zu sein – jemand, der reich ist und schön.

Gegen diese grauenhafte Krankheit gibt es, soweit ich weiß, nur ein Heilmittel: Man muss etwas anderes zum Zentrum machen. Aber wie und wo sollen wir so etwas finden?

Für den Moment stellen wir diese Frage noch zur Seite; die zentrale Botschaft dieses Buches ist ja, dass Innehalten und ein paar Stunden Nichtstun eine gute Sache sind. Und dass Sie sich, wenn Sie das tun, in Ihrer Beziehung zu anderen Menschen und zur Welt ganz langsam wiederentdecken. Sie sehen Ihren eigenen Wert, finden Ihr Zentrum aber woanders. Das verlangt schon einen gewissen Willensakt: nicht nur innezuhalten, sondern auch sich davon zu überzeugen, dass man selbst nicht das Zentrum der Welt ist. Dass andere Menschen tatsächlich existieren, dass sie genauso Gefühle, Ängste, Freuden und Herzeleid haben wie wir. Es verlangt von uns, dass wir anderen Menschen, aber auch uns selbst Aufmerksamkeit schenken. Und es verlangt von uns, dass wir auch mal ausruhen. Oder dass wir einfach mal anderen Menschen zuschauen und ihre Gegenwart genießen, selbst wenn wir gar nicht wissen, wer sie sind oder ob sie etwas für uns tun können. Das kann ein großer Segen sein. Versuchen Sie mal, einfach nur still an einem belebten Ort zu sitzen und zu beobachten, wie alle anderen um Sie herum ihren Aufgaben nachgehen. Und versuchen Sie dann zu spüren, wie dankbar Sie sein können für die Unabhängigkeit all dieser Menschen und für Ihre Abhängigkeit von ihnen. Mit allen anderen zusammen sind Sie wie eingewebt in den großen komplexen Teppich der Menschheit hier auf der Erde. Und dieser Teppich selbst ist auch nur ein kleiner, aber unfassbar schöner Teil eines viel größeren Entwurfs von immenser Schönheit.

Und nun sind wir schon fast bei einer neuen erstaunlichen Feststellung angekommen. Diese wunderbare Welt, von der ich ein Teil bin, dreht sich um ihre Achse und schwebt um die Sonne – ganz ohne mein Zutun. Die Sonne ist heute im Osten aufgegangen – ohne meine Hilfe. Und wird heute Abend im Westen untergehen, ob ich das will oder nicht. Natürlich habe ich Einfluss auf die Welt. Wenn ich ein ernsthaftes Interesse am menschlichen Gedeihen hege und mir die Sorge um das heikle Gleichgewicht auf diesem Planeten wichtig ist, dann sind meine kleinen individuellen

Initiativen, um Wasser zu sparen, Ressourcen zu schonen und meinen Nächsten zu lieben, sogar genauso wichtig wie ein internationales Abkommen. Die Sache mit der großen Vision ist nämlich die, dass Menschen die Dinge am besten verstehen und ihre eigene Situation am besten annehmen können, wenn sie sich selbst dezentral platzieren: wenn sie Einfluss ausüben, aber auch beeinflusst werden; wenn sie aktiv werden, sich aber auch aktivieren lassen; wenn sie Teil von etwas Größerem sind und auch Teil von etwas, mit dem sie bis ins Kleinste verwoben sind, das aber ein anderes Zentrum hat.

Mit anderen Worten – und um präzise zu formulieren – ist die Voraussetzung dafür, dass wir eine exzentrische Haltung zum Leben entwickeln. Denn exzentrisch sein heißt wörtlich, sein Zentrum woanders zu haben.

In unserer Umgangssprache ist ein Exzentriker jemand, der etwas seltsam ist. Auch das ist doch keine schlechte Eigenschaft. Und wenn „vernünftig sein“ bedeutet, einfach nur Teil des bereits erwähnten sklavischen Kreislaufes der Selbstbeweihräucherung und Selbstverachtung zu sein, dann ist „seltsam sein“ vielleicht der beste Weg zum Glück.

KAPITEL 3

Von der Schwierigkeit, zu wissen, wer man ist

Die wahre Entdeckungsreise besteht nicht darin, dass man neue Länder sucht, sondern dass man neue Augen hat.

Marcel Proust

Wenn Sie also nicht das Zentrum des Universums sind, was ist es dann? Nun, der beste Rat, den ich anbieten kann, ist derselbe wie im letzten Kapitel: innehalten ... tief einatmen ... Und wenn es Ihnen hilft, dann stellen Sie sich vor, wie Sie ein paar Stunden lang im Dubliner Flughafen festsitzen. Suchen Sie in Ihrem tiefsten Innern nach den Erinnerungen und Gefühlen, die Ihnen am allerwichtigsten sind. Diese können Ihnen helfen, wieder mit sich selbst in Kontakt zu kommen und das wahre Zentrum zu finden.

Ich weiß natürlich, dass nicht jedermann solche ganz besonderen Erinnerungen hat. Aber können Sie sich noch an die aufregende Leidenschaft und das zerbrechliche Glück Ihrer ersten Liebe erinnern? Als nur der Klang „ihrer" Stimme oder „ihre" Berührung Sie schon glücklich machte? Oder als es schon ausreichte, ihn zu sehen und von ihm gesehen zu werden, um Sie in Verzückung geraten zu lassen? Und wenn die Erinnerung an seine Anwesenheit oder das Warten auf das nächste Treffen Ihren Puls tanzen ließ? Oder können Sie sich noch an das schmerzhafte Verlangen erinnern, einfach nur zu lieben und jemanden zu begehren, selbst wenn diese Liebe nicht erwidert wurde?

Können Sie sich daran erinnern, wie es war, einfach nur bei jemandem zu sein, der Ihnen vertraute und an Sie glaubte und bei dem Sie sich sicher fühlten? Vielleicht war es ein Geliebter, vielleicht ein Freund.

Oder erinnern Sie sich noch daran, wie es war, Ihr erstes Kind zum allerersten Mal in den Armen zu halten? Oder Ihre Kinder anzuschauen, wenn sie schlafen, und ihnen dabei durchs Haar zu streichen und sich zu wünschen, dass die Zeit stehen bliebe, um diesen Moment festzuhalten? Und an so viele andere Momente, die Sie gern ewig festhalten würden, weil Sie sich fragen, wer Ihre Kinder lieben und halten und über ihre Stirn streichen soll, wenn Sie einmal weg sind? Oder als Sie das Kind eines anderen sahen und sich über dieses außergewöhnliche Geheimnis wunderten, dieses einzigartige Bündel Leben, das aus einem einzigartigen Spermium und einer einzigartigen Eizelle entstand. Man muss nicht selbst Kinder haben, um von der verschwenderischen Schönheit eines neuen Menschen hingerissen zu sein. Und all unsere naturwissenschaftliche Kenntnis darüber, wie er entstanden ist, wird dieses Erstaunen niemals ersetzen können. Und selbst der abgebrühteste Gynäkologe und auch die minderjährige Mutter werden es noch als Wunder bezeichnen.

Können Sie sich an Ihre eigene Kindheit erinnern? Können Sie sich daran erinnern, wie es war, von Armen festgehalten zu werden, die viel größer waren als Ihre? Haben Sie es erlebt und können Sie sich daran erinnern, wie es ist, geliebt und geschätzt zu werden, einfach nur weil Sie auf der Welt sind?

Aber was, wenn Sie diese Dinge nie gespürt haben? Was, wenn Sie diese Worte lesen und vor Wut und Enttäuschung beben, weil Kindheit und Liebe, Freundschaft und Elternschaft für Sie mindestens so viel Frust wie Freude gebracht haben? Oder schlimmer noch: Wenn sie sogar Vernachlässigung und Missbrauch bedeutet haben? Und dennoch: Auch wenn Sie aufs gröbste vernachlässigt und auf unfassbare Weise missbraucht wurden, auch dann tragen Sie in sich die Möglichkeit, zu lieben und geliebt zu werden. Es ist doch genau das, wonach Sie sich sehnen. Es ist dieses Geben und Empfangen von Liebe, das Ihnen Hoffnung schenkt. Und die meisten Menschen haben Erinnerungen, die sie abrufen können, die definieren, wer sie sind, und die ihr Leben ausmachen. Es sind die Momente, in denen Ihnen bewusst war, dass Sie wertvoll sind. Momente, die das Leben lebenswert machten und Sie dazu brachten, sich gegen die Unausweichlichkeit des Todes zur Wehr zu setzen. Diese Momente sind eine zutiefst körperliche Empfindung – wir neigen dazu, sie in der Bauch- oder Herzgegend anzusiedeln –, aber sie sind auch das, was viele Menschen als „geistlich" bezeichnen. Sie scheinen einen Ort in unserem Bewusstsein zu besetzen, an dem wir am ehesten wir selbst sind (so sehr, dass es unser ganzes Wesen einnimmt). Wir können uns gar nicht vorstellen, wie es ohne das wäre. Und auch wenn ein gebrochenes und missbrauchtes Leben uns nur eine kleine Portion davon mitgegeben hat, so sind es doch diese Erfahrungen, auf die wir gerne unser Leben bauen würden: innere Orte, an denen Liebe und Leidenschaft, Zärtlichkeit und Freude uns ermutigen und erhalten.

Auch wenn die Welt viele Erklärungen für diese Gefühle hat – die Entschlüsselung des menschlichen Genoms hat uns zum Beispiel gerade erst wieder eine neue gebracht –, wehrt sich in uns doch etwas dagegen, derart entmystifiziert zu werden. Und dieser Widerstand ist mehr als ein anti-intellektuelles Verlangen nach der simpleren und sichereren Vergangenheit, in der die Menschen einfach schneller bereit waren, eine bestimmte Sichtweise auf die Menschheit zu glauben und zu akzeptieren, in der diese Gefühle und Wünsche eindeutig in der Seele verortet wurden. Das alles scheint fast Teil der DNA selbst zu sein. Menschen glauben instinktiv und intuitiv daran, dass es im Leben um mehr geht als um das, was wir sehen können. Menschliches Leben ist mehr als nur die Summe der eigenen Fähigkeiten, sich selbst zu erklären.

Es gibt etwas im Zentrum – im Herzen –, das nach einer Erklärung verlangt. Und die Menschen brauchen eine Erklärung, die die spirituelle Realität mit einschließt, weil diese immer noch als wichtigste Komponente ihres Seins erfahren wird.

Umfragen zeigen immer wieder, dass die meisten Menschen in Großbritannien noch an Gott glauben (auch wenn dabei das „wer“ und „was“ nicht unbedingt klar sind) und auch noch regelmäßig beten. Damit einher geht eine ganze Palette anderer Überzeugungen und Praktiken. Wenn sie merken, dass etwas in ihrem Leben fehlt, begeben sich die meisten Menschen entweder auf eine spirituelle Sinnsuche oder fühlen sich von spirituellen Dingen angezogen. So lässt sich das wachsende Interesse an Horoskopen und Yoga, Pantheismus, Reinkarnation, Kristallen und Tarotkarten erklären. Wir sind weit davon entfernt, Spiritualität aufzugeben. Vielmehr leben wir in einer Kultur, in der die Faszination für jede Art von Spiritualität zunimmt. Und das alles passiert in einem sogenannten rationalen und wissenschaftlichen Zeitalter.

Und auch wenn Sie nicht zu den Menschen gehören, die den Sinn und Zweck des Lebens im wachsenden Potpourri der New-Age-Spiritualität suchen – und das trifft vor allem immer mehr auf die Jüngeren zu –, haben Sie in jedem Fall eine spirituelle Dimension in Ihrem Leben (auch wenn Sie es vielleicht nicht so nennen), weil Sie Liebe und Freude und Traurigkeit erfahren, wie auch die dunkleren Gefühle wie Gier und Hass. Und wenn Sie auf einer spirituellen Sinnsuche sind, dann ist das gut so: weil es eine spirituelle Bedeutung des Lebens gibt. Und der Puls dieser Dimension ist in allen Dingen spürbar, die gut und wahr sind. Aber auch wenn sie das nicht sind, verlangen diese Dinge nach einer Erklärung.

Meine Erklärung ist einfach die: Der Mensch ist als Ebenbild Gottes geschaffen. Das heißt nicht, dass Gott so aussieht wie wir, sondern dass die Gedanken und Gefühle, die unser eigenes Selbstverständnis begründen, ihren Ursprung in Gott haben. Menschen spiegeln quasi das Bewusstsein und die Kreativität Gottes, aus der sie selbst geschaffen wurden, wider.

Nach unserem heutigen Kenntnisstand sind wir die einzigen Geschöpfe in diesem Universum, die diese Art des Bewusstseins besitzen. Je mehr die Kosmologie über das Wesen und den Ursprung des Universums und den Ort und Ursprung des „bewussten" Lebens darin entdeckt, desto außergewöhnlicher scheinen die Zufälle, die zusammengekommen sind, um diesen Planeten inmitten der sonst so kargen Einöde des restlichen Alls zu einer fruchtbaren Oase zu machen. Natürlich ist es unmöglich, das alles genau zu wissen, und es ist für unsere Belange hier auch unwichtig zu wissen, ob auch in anderen Teilen des Universums intelligentes Leben existiert oder nicht. Und doch ist es interessant festzustellen: Je mehr wir über das Phänomen unseres Lebens erfahren, desto erstaunter sind wir über unsere eigene zerbrechliche Genialität. Wir folgern daraus nicht, dass es da draußen noch mehr von uns geben muss, sondern sind verblüfft, dass wir überhaupt existieren. Wie Einstein richtig beobachtete: Das Unverständlichste am Universum ist im Grunde, dass wir es verstehen können.

Als Einziges unter allen Lebewesen auf der Erde können Menschen ihr Leben jenseits von Instinkten leben. Sie sind in der Lage, ihr Leben zu planen und selbst zu bestimmen. Sie können ihr Leben zielgerichtet reflektieren. Ihr Bewusstsein und ihr Wunsch, dem Leben einen Sinn zu verleihen, haben eine unfassbare Kreativität freigesetzt und sie in Richtungen geleitet, die sich als wunderbar und grauenhaft zugleich erwiesen haben.

Aber lassen Sie mich mal einen Gang zurückschalten und versuchen zu erklären, was das eigentlich bedeutet. Es gibt nämlich etwas Außergewöhnliches an uns Menschen, dem gegenüber wir verantwortlich sind und an dem wir uns uneingeschränkt freuen dürfen. Und das führt uns möglicherweise zur Quelle und zum Zentrum unseres Lebens.

Menschen denken und tun unglaubliche Dinge. Schauen Sie einfach aus dem Fenster, wenn Ihr Flugzeug vom Dubliner Flughafen abhebt, und Sie werden von oben eine Landschaft sehen, die von den Bedürfnissen und Hoffnungen des menschlichen Lebens geschaffen und verändert wurde. Das ist einerseits unglaublich schön, andererseits aber auch selbstsüchtig und maßlos, wenn die Menschen nämlich die Umwelt missbrauchen, von der sie abhängen, und keinen Respekt für die natürlichen Ressourcen zeigen, die sie für selbstverständlich halten. Die Menschen machen sich ihre natürliche Umgebung zunutze, um ihre Träume zu verwirklichen. Und auch wenn wir noch lernen müssen, wie wir das tun können, ohne das delikate Gleichgewicht unseres Zusammenlebens mit anderen Lebensformen zu zerstören, bin ich optimistisch – wir sind ja schließlich so fürchterlich schlau.

Menschen bauen Dämme, Wolkenkratzer, Mobiltelefone. Ein Neurochirurg kann in einer technisch brillanten Meisterleistung einen Tumor aus der Mitte des Gehirns entfernen. Heutige Chirurgen stehen auf den Schultern so vieler hunderter vor ihnen, die alle durch Versuch und Irrtum das menschliche Wissen vorangebracht haben. Und das alles ist wichtig, damit die Operation erfolgreich ist: die Video- und

Computertechnologie, die mikroskopischen Geräte, faseroptische Endoskope, die Produktion der Nierenschale, in die das Tumorgewebe gelegt wird, das Blut, das jemand anderes irgendwo gespendet hat und ohne das die Operation gar nicht stattfinden könnte. Vor dieser Ausdauerleistung menschlicher Genialität sollten wir uns demütig verneigen.

Menschen vergären Trauben zu Wein und mischen verschiedene Weine zu einem fantastischen Cuvée zusammen. Sie mahlen Korn zu Mehl und backen aus Mehl Brot. Sie lernen, wie man Nahrungsmittel mithilfe von Salz oder Essig konserviert. Oder sie nutzen die Naturgewalt der Atmosphäre und produzieren Strom und erfinden dann ein Ding, das Kühlschrank heißt. Menschen reisen um die Welt, erst mithilfe der Kraft von Tieren, dann bauen sie Fahrräder, Motorräder, Autos und schließlich Flugzeuge, um damit zu fliegen, und schicken schließlich einen Mann auf den Mond.

All dieses Wissen wächst und multipliziert sich und wird mit Bedacht von einer Generation zur nächsten weitergegeben, die es wiederum vergrößert. Früher wurde all das in Büchern wie diesem hier festgehalten, davor auf Pergamentrollen, und noch früher wurde es auswendig gelernt und so von einer Person der nächsten weitererzählt. Heute ist es uns durch ein paar Mausklicks zugänglich. Und die Informationen, die früher eine Bibliothek umfassten, passen heutzutage auf einen Memory Stick, den man am Schlüsselbund tragen kann.

Die Menschen tun auch noch andere ziemlich beeindruckende Dinge. Es sind nicht unbedingt nützliche oder produktive Dinge, die uns helfen, die Erde zu ernähren oder das menschliche Wissen voranzubringen, sondern eher Dinge, mit denen wir unsere Gefühle wie Liebe, Mitleid und Gemeinschaftssinn darzustellen, zu verstehen, nachzubilden und mitzuteilen versuchen. Menschen malen unfassbar schöne Bilder. Sie schaffen Skulpturen. Sie schreiben Bücher. Manche von ihnen sitzen in Flughafen-Terminals und schreiben Gedichte; andere bauen aus Streichhölzern maßstabsgetreue Modelle der Tower Bridge; wieder andere fahren ein gigantisches Riesenrad die Themse hoch, damit man sich London anschauen kann, während man gleichzeitig unmerklich langsam im Kreis herumfährt. Andere widmen ihre Zeit der Verbesserung ihres Golf-Handicaps. Wieder andere spielen in der Kneipe Dart. Andere kennen die lateinischen Namen aller Moose und Flechten, die in den Ritzen ihrer Auffahrt wachsen. Und ein anderer hat sich die Namen überhaupt erst ausgedacht. Wieder eine andere Person ist ein exzellenter Handwerker und hat den Zement angerührt und Ihre Gehwegplatten verlegt.

Manchmal rennen wir einfach los, weil uns danach ist, oder wir hüpfen ein bisschen beim Gehen. Wir halten Händchen. Wir kritzeln auf dem Telefonbuch herum, während wir telefonieren. Wir erfinden eine völlig neue Art, miteinander zu sprechen, die SMS – und schreiben uns damit Liebeserklärungen. Wir singen, wir tanzen und wir machen Musik. Und niemand kann so richtig sagen, was die Musik und das Tanzen wirklich bedeuten, und trotzdem werden wir unheimlich davon bewegt.

Manchmal bringt Sie vielleicht der Rhythmus oder die Lebendigkeit eines Musikstücks auf die Beine und Sie tanzen in Ihrer Küche herum, oder Sie spielen Luftgitarre mit einem Besen oder dirigieren in Ihrem Kopf das Londoner Sinfonieorchester, während Sie auf der Autobahn unterwegs sind. Manchmal bringt ein Musikstück Sie zum Weinen. Manchmal klingt ein Akkord tief in Ihnen nach, einfach nur, weil er schön ist. Das ist die Sprache der Musik, die im Gleichklang mit unerklärlichen tiefen Gefühlen in Ihnen ist. Ein Musikstück kann aber auch etwas aus der Vergangenheit wachrufen, das Sie zu einem bestimmten Ort und bestimmten Gefühlen oder auch zu einer bestimmten Person zurückbringt. Die meisten von uns haben Lieder, die wir als „unsere Lieder" empfinden. Sie sind mit bestimmten Episoden verbunden, als ob unser ganzes Leben von einem Soundtrack begleitet würde.

Selbst Düfte können dies bewirken. Sie gehen vielleicht gerade die Straße entlang und tun gar nichts Bestimmtes (auch wenn ich bemüht bin, deutlich zu machen, dass Nichtstun eine sehr gute und kreative Tätigkeit ist), und plötzlich streift ein ganz besonderer Duft Ihre Nase, und schon fühlen Sie sich an einen bestimmten Ort zurückversetzt und durchleben eine alte Erinnerung.

Und Menschen tun unglaubliche Dinge füreinander. Sie ritzen den Namen eines anderen Menschen in die Rinde eines Baumes. Sie schreiben Liebesgedichte. Sie spielen. Sie haben Körper und können sich damit gegenseitig Lust bereiten – und diese Lust ist kreativ und berauschend zugleich.

Wenn wir uns die menschlichen Errungenschaften in ihrer ganzen komplexen, erstaunlichen Bandbreite betrachten, werden wir zwangsläufig auch uns selbst stärker wertschätzen. Denn ein jeder von uns trägt auf verschiedene Weise dazu bei – durch die Dinge, die uns Freude machen, und durch die Dinge, die wir erschaffen.

Für mich sind es die Gedichte von Simon Armitage, Strauss' Vier letzte Lieder, Louis Armstrong, der St. James Infirmary Blues singt, Stanley Spencers Bilderserie Christus in der Wildnis, Monets Wasserlilien, Rothkos Weite der Farben, Mendelssohns Lied ohne Worte und Bob Dylans Blonde on Blonde.

Für Sie mag es die Lyrik von Shakespeare sein, Aretha Franklin, die Arctic Monkeys, der neuste Harry-Potter-Band oder Beethovens letztes Streichquartett. Vielleicht ist es aber auch der Triumph der modernen Medizin, oder die Wunder des Internets, eine Harley Davidson, ein iPod oder sogar etwas ganz Einfaches, Alltägliches wie ein Dosenöffner oder Korkenzieher. Alle diese Dinge sind ein Zeugnis menschlicher Genialität und Kreativität. Wir alle finden kleine Wunder in ganz bestimmten und ganz unterschiedlichen Sachen. Aber sie alle haben ihren Ursprung in unserer erstaunlichen Fähigkeit kreativ zu sein.

Ich will aber auch deutlich machen, dass es hier nicht darum geht, dass Menschen allgemein gerne Musik hören (oder Bilder mögen, oder Architektur oder Sport). Hier ist immer ein bestimmtes Musikstück, ein bestimmtes Gemälde, ein bestimmtes Gebäude, ein bestimmter Golfplatz gemeint. Gerade in dieser präzisen Besonderheit liegt unsere Freude. Deshalb wäre es auch zu langweilig und naheliegend zu sagen: „Ich mag Musik." Viel eher würde ich sagen: „Ich mag diese bestimmte Version von Willie Nelson, der ‚You are always on my mind' singt." Sie bringt mich jedes Mal zum Weinen und bewirkt, dass ich mich menschlicher fühle. Und Menschen haben ihre ganz unterschiedlichen und eigenen Wege, Anteil zu nehmen an diesem herrlich überschwänglichen Vergnügen.

Auf der anderen Seite empfinden wir Abscheu angesichts der furchtbaren Dinge, die wir tun. Unsere abartige Fähigkeit, andere zu missbrauchen, ist immens: die Verwüstung der Atombomben auf Hiroshima und Nagasaki, der methodisch durchdachte Völkermord in Auschwitz und Bergen-Belsen, Flugzeuge, die in Hochhäuser fliegen. Oder Rassenhass und Fremdenfeindlichkeit, Habgier und Eroberungswahn – all das, was überhaupt erst zu diesen Horrorszenarien geführt hat. Wenn Schüler auf dem Schulhof tyrannisiert werden oder fünf Euro aus einem fremden Portemonnaie klauen, wenn gerade keiner hinschaut. Oder ein einziges verletzendes Wort, das trifft wie eine Präzisionsrakete. Oder die Frage, was die genetische Modifikation von Pflanzen, die Produktion menschlicher Organe oder das Züchten von Embryonen für Ihre Kinder bedeuten wird. Da kann man sich schnell hilflos fühlen.

Menschen sind so teuflisch klug, geradezu grauenhaft intelligent, dass es ein Leichtes wäre zu denken, dass allein ihre abartige Grausamkeit schon ein ausreichender Beweis dafür sei, dass sie unmöglich von einem liebenden Gott erschaffen worden sein können, schon gar nicht in dessen Ebenbild. Aber genau das ist es, was ich hier behaupte. Wenn Sie in sich selbst hineinschauen und erstaunt sind über die Liebe, die Sie in sich tragen, und Sie das furchtbare Potenzial für Gutes und Böses sehen, dann ist das der Widerhall des Einen, der die Quelle des gesamten Lebens und deshalb auch Ihres Lebens ist.

Als Ebenbild Gottes geschaffen zu sein bedeutet, demjenigen nachempfunden zu sein, der dieses Universum geschaffen und uns mit einer furchteinflößenden Freiheit ausgestattet hat. Und das Universum besitzt diese furchtbare Freiheit, weil es aus Liebe geschaffen wurde. Es ist Gott, der die Quelle und das Zentrum unseres Lebens ist.

KAPITEL 4

Die skandalöse Gastfreundschaft Gottes

Wir sind so daran gewöhnt, auf dem Kopf zu stehen, dass wir, wenn Gott auftaucht, denken, dass er derjenige ist, der verkehrt herum steht.

Robert Farrar Capon, The Mystery of Christ ... and why we don't get it

Vielleicht denken Sie, dass zwischen Ausschlafen und dem gelangweilten Herumlungern am Flughafen und dem Glauben an Gott doch ein eher weiter Weg liegt. Aber halten Sie noch ein wenig durch. Ich kann keine Beweise liefern, aber wie Shakespeare im Sommernachtstraum gut beobachtet: „Die Fantasie begreift mehr, als der kühle Verstand je verstehen wird."

Die meisten Menschen sind innerlich frustriert. Sie sind zu beschäftigt, zu gehetzt, zu getrieben. Der Satz „Er hätte gerne mehr Zeit im Büro verbracht" wurde wohl noch nie auf einen Grabstein gemeißelt! Oder wie der Bestseller-Autor und Life-Management-Guru Stephen Covey sagt: ‚Viele Menschen verbringen ihr Leben damit, die Leiter hochzuklettern, nur um dann festzustellen, dass sie an der falschen Wand lehnt!'

Gleichzeitig gibt es aber eine bestimmte kreative Energie, die aus Freizeit und Entspannung entspringt. In uns gibt es ein Verlangen nach Bedeutung und den unbezwingbaren Wunsch, die Welt um uns herum zu erklären, zu schaffen und nachzubilden. Und gemeinsam mit diesem Verlangen entsteht eine nagende Leere. Wenn Sie sich Zeit nehmen, innezuhalten und sich umzuschauen, werden Sie dem unerklärlichen „Etwas" begegnen, das durch nichts anderes erklärt werden kann.

Was ist dieses „Etwas“? Was ist das Zentrum, um das herum sich mein Leben entfalten kann?

Lassen Sie uns für einen Moment annehmen, dass es tatsächlich Gott sein könnte. Lassen wir uns von unserer Vorstellungskraft leiten, erkunden wir einmal die Möglichkeit von Gottes Existenz und fragen wir uns, inwieweit uns dies helfen könnte, uns selbst und die Welt um uns herum besser zu verstehen. Lassen Sie uns einmal annehmen, dass – nur für einen dieser ewigen Momente – die Energie und kreative Kraft, die die Menschen in der Ruhe und beim Nichtstun erleben, ihren Ursprung in einer Energie und kreativen Kraft haben, die die Liebe selbst ist. Auch wenn Sie keine Ahnung haben, was mit dem Begriff „Gott“ gemeint sein soll, so lassen Sie uns doch diesen Begriff „Gott“ benutzen, um die Quelle dieser Liebe und Kreativität zu beschreiben. Und wenn es Gott ist – wenn der Begriff von Gott und die Idee von Gott hilfreiche Wege sind, um über diese Dinge nachzudenken, die uns lieb und teuer sind – wo kann uns das dann hinführen? Wie können Sie mehr über diesen Gott herausfinden? Können Sie seine Art, die Welt zu erklären, hinterfragen und schauen, ob sie Ihnen hilft, die Art von Person zu fördern und zu entfalten, die Sie gerne sein möchten?

Aber beginnen wir von vorne. Ein kleines Rinnsal, das sich aus Quellen in den Tiefen der Erde an die Oberfläche hochsprudelt, von dem dann ein reißender Fluss ausgehen wird: Gott ist Liebe. Nicht „Gott liebt“, sondern Gott selbst ist Liebe. Die christliche Tradition – also eine Reihe von Denk- und Handlungsweisen, die von der Person Jesus Christus und seinen Lehren ausgehen – beginnt mit einer erstaunlichen Behauptung. Und egal, ob Sie nun besonders religiös sind oder nicht (oft habe ich den Eindruck, dass es in gewisser Weise von Vorteil ist, nicht religiös zu sein), ist es wichtig, dass Sie sich daran erinnern, dass auch Menschen, die über Gott von Liebe sprechen, trotzdem von derselben Liebe reden – von einer echten, zerbrechlichen, fassbaren, aufopfernden Liebe, wie Sie sie auch im täglichen Leben erfahren. Sie stammt von einem Gott, der Liebe ist.

Es ist auch nachvollziehbar, dass zwei der Kennzeichen echter Liebe Kreativität und Freiheit sind. Das sind keine religiöse Ideen. Nehmen Sie Ihre eigene Erfahrung: Wenn wir verliebt sind, ist diese Liebe kreativ. Wir fühlen uns lebendiger, wenn wir eine Beziehung mit jemandem haben, den wir lieben – wenn wir aufblühen oder, im wörtlichen Sinne, durch die wunderbare Kraft der Fortpflanzung etwas Neues schaffen.

Ein Kind zu haben ist eines der offensichtlichsten Zeichen dieser kreativen, schöpferischen Liebe. Sie kann uns manchmal fast sprachlos machen. Diese Sehnsucht nach Gemeinschaft, danach, aufzunehmen und aufgenommen zu werden, ist eine der schönsten und befriedigendsten Erfahrungen im Leben. Die christliche Tradition besagt, dass sie zum Wesen Gottes dazugehört. Sie sagt, Gott könne gar nicht anders. Gottes Liebe, die die Quelle aller Liebe ist, ist immer kreativ, d. h. schöpferisch. Wenn Christen über Gott sprechen, gebrauchen sie die komplexesten und unerklärlichsten Worte, um ihn angemessen als eine Art von Gemeinschaft zu beschreiben. Gott zeigt sich als Vater, Sohn und Heiliger Geist. Das ist schwer vorstellbar, sogar für die meisten Christen (und deshalb versucht man meistens, nicht allzu viel darüber nachzudenken). Aber trotzdem reicht es, glaube ich, wenn wir an dieser Stelle sagen, dass in Gott selbst das Geben und Empfangen von Liebe stattfindet. Und noch einmal, auch wenn dies nicht unbedingt Ihrer eigenen Erfahrung entsprechen sollte, auch wenn Ihre Zeit als Kind oder Elternteil viel Bitterkeit mit sich gebracht hat oder wenn Sie kinderlos geblieben sind und all die Fruchtbarkeit um Sie herum Sie wütend macht – Liebe lebt trotzdem weiter. Sie lebt in Freundschaften weiter. Oder im Trost, der durch andere kommt. Sie lebt in den freundlichen Worten eines Fremden. Sie möchte vereinen, uns in die Gemeinschaft mit anderen ziehen und uns dadurch ermöglichen, mehr wir selbst zu sein. Wir sind nicht dazu erschaffen, allein zu sein. Selbst in tiefster Isolation sehnt sich der Rhythmus eines menschlichen Herzens danach, im Gleichklang mit einem anderen zu schlagen.

Das Buch Sakrileg hat viel Aufsehen erregt – wegen seiner Spekulationen und einer Verschwörungstheorie, die besagt, dass Jesus und Maria Magdalena geheiratet und ein neues Geschlecht gezeugt hätten – einen heiligen Stammbaum. Die tatsächliche Sensation aus der Zeit des frühen Christentums ist aber der Glaube an die Gemeinschaft Gottes, eine Gemeinschaft, in der Liebe auf perfekte Weise gegeben und empfangen wird und die der Herzschlag und die Quelle von allem ist.

Die christliche Antwort auf die Frage nach dem Ursprung des Universums ist die, dass der Urknall, mit dem das Universum entstanden ist – ein Stück Materie, so groß wie eine Haselnuss, die sich schnell und kreativ in alles ausdehnt, was es gibt –, die einfache Konsequenz einer schöpferischen Liebe war.

Als durch menschliche Genialität das Atom gespalten wurde, fand man heraus, dass Materie sich in expandierende Energie verwandelt. Als das Universum geschaffen wurde, floss diese wunderbare Energie der Liebe über in sich ausdehnende Materie. Dieser Moment – der eigentlich kein Moment war, weil die Geburt der Materie ja auch die Geburt der Zeit war – war ein ewiges, endloses und unmittelbares „Jetzt" reiner Liebe, die nichts tun konnte als erschaffen. Und mit dem Ausgießen kreativer Liebe entstand die großartige Vorstellung (aber nicht die Gewissheit), dass eine Kreatur entstehen und sich entwickeln kann, die in der Lage ist, diese Liebe zurückzugeben. Und in unserem komplexen menschlichen Beziehungsnetzwerk mit all seinen Spielarten merken wir, dass das wahr ist.

Und Liebe kostet nichts. Sie wird in absoluter Freiheit verschenkt. Sie schielt nicht nach Anerkennung; ihr reicht es zu lieben. Sie mag auf eine Gegenleistung hoffen, sich danach sehnen, dass sie wiedergeliebt wird, aber sie kann das nicht bewirken. Sie kann nur weiter sie selbst sein.

Wissenschaftler haben Versuchsraketen weit ins All hinausgeschickt, um Staub von den Abgasen der Kometen zu sammeln und so die ersten Bewegungen der Schöpfung zurückzuverfolgen. Hier kommt ein außergewöhnlicher Gedanke: Sie selbst haben das auch schon gemacht, und zwar einfach, indem Sie still dasitzen und die ganze Tiefe eines einzigen Moments in sich aufnehmen. Mit etwas Vorstellungskraft ist es durchaus möglich, die Schöpfung des Universums zu betrachten.

Das können Sie tun, indem Sie über die Dinge nachdenken, die Sie zu Unrecht ins Zentrum rücken, und über das große Verlangen danach, auszuspannen, Spaß zu haben, kreativ zu sein und Liebe zu spüren. Sie können es tun, indem Sie über die Liebe nachdenken, die in Ihnen selbst ist. Selbst wenn Sie deren Schattenseiten zu spüren bekommen oder wenn Sie noch nie wirkliche Liebe erlebt haben, wissen Sie trotzdem, dass sie da ist. Und dort enden Sie dann – allein mit Ihren Gedanken, aber getragen und umringt von vielen anderen Händen und Stimmen, die Sie in ein Universum mit einschließen, das selbst lebendig ist und in dem jedes Atom vor Freude singt. Denn ich behaupte, dass das Merkmal des Universums bedingungslose – und folglich vollkommen freiwillige – Liebe ist. Und das ist auch das Merkmal der Menschheit. Deshalb behaupte ich, dass

Menschen als Gottes Ebenbilder geschaffen wurden. Und hier entspringt auch Ihre ungeheure Fähigkeit, zu lieben und zu erschaffen.

Das heißt: Immer, wenn wir Liebe erfahren, immer, wenn wir die Hand unseres Liebsten ergreifen und dabei eine Gänsehaut bekommen, wenn unser Kind oder Partner uns zu Hause willkommen heißt; oder wenn wir auch nur auf Liebe hoffen oder nur einen Lichtschimmer sehen, der die tiefe Dunkelheit unserer eigenen Fehlentscheidungen durchbricht, und wenn uns dann bewusst wird, dass es ein paar Dinge gibt, für die es sich zu sterben lohnt (das sind dann oft eher Menschen als Ideen), dann hören wir das Echo des Schöpfergottes, der uns aus genau diesem Material gemacht hat (das kein wirkliches „Material" ist), nämlich aus Liebe.

Freiwillige und schöpferische Liebe durchdringt jede einzelne unserer menschlichen Zellen. Sie ist nicht nur ein geheimes Reservoir, das früher einmal „Seele" genannt wurde und sich auch so anfühlt. Die Menschen sprechen ja nach wie vor von „Herz" und „Seele", weil das die bezeichnendsten Ausdrücke für das sind, was sie fühlen. Aber es ist mehr als das. Es ist Teil unserer DNA, der Fingerabdruck des Einen, der uns gemacht hat.

Und wenn Gott Liebe ist und wenn diese Liebe das Original ist, dann freut sich Gott einfach nur über Sie, weil Sie Sie sind. Sie sind Gottes Liebling. Die Wechselwirkungen der Liebe, die in seinem Innern ausgetauscht werden und in Gottes Leben selbst empfangen werden, werden auch an Sie weitergegeben. Sie können in Gottes Gemeinschaft der Liebe aufgenommen werden. Gott verfolgt voller Mitgefühl alle Ihre Leidenschaften, Ihr Nach-Hause-Kommen und Ihre Entbehrungen. Gott weint mit Ihnen in Ihrer Trauer; Gott schreit mit Ihnen vor Entsetzen, wenn Sie betrogen wurden.

Gottes Herz ist Ihnen zugewandt. Und selbst wenn Sie Ihr ganzes Leben leben, ohne ihn zu kennen oder seine Liebe zu erwidern, wird Gott Sie nicht weniger lieben. So funktioniert Liebe eben: Sie sehnt sich danach, wiedergeliebt zu werden, aber sie wird auch dann weiter lieben, wenn sie nichts dafür bekommt.

Wenn das stimmt, was ich sage, dann gibt es nichts, was Gott davon abhalten kann, Sie zu lieben, und auch nichts, was Gott tun würde, um Sie dazu zu bringen, ihn zu lieben. Ich will also gar nicht behaupten, dass Ihnen in Ihrem Leben etwas fehlt. Ich behaupte nicht, dass Sie in sich ein Loch haben und Sie sich immer etwas leer fühlen werden, bis es mit Gott gefüllt ist. Gott ins Zentrum zu rücken bedeutet nicht, eine Lücke zu füllen. Es ist eher, wie wenn man einen Kompass neu ausrichtet. Es ist eher so, dass durch Gott – und das Wissen um Gott als das Zentrum Ihres Lebens – die Freude und Bedeutung, die Sie bereits in sich gefunden haben, umgeleitet und vervielfacht werden und Ihnen noch mehr Freude und Frieden schenken können.

Also, wenn das alles wahr sein sollte, wenn es einen Gott gibt, der die Welt gemacht hat und liebt, warum zeigt er sich uns dann nicht? Warum sind Gottes Absichten nicht ein wenig klarer? Warum scheinen alle Aussagen über das Sterben und Vergehen gegen diese optimistische Vision zu sprechen?

Schön und gut, es mag dieses Bedürfnis danach geben, etwas anderes im Zentrum unseres Lebens zu haben als uns selbst, und diese Liebe mag tatsächlich existieren und Bestand haben. Aber selbst wenn alle anderen möglichen Erklärungsmuster unbefriedigend sind und Gott wirklich der Ursprung und das Ziel des Lebens sein sollte – wenn Gott also ins Zentrum rückt –, sollte er das dann nicht ein bisschen eindeutiger kommunizieren?

Die christliche Antwort darauf lautet: Das hat er doch getan! Gott hat seine Liebe und Absicht unglaublich deutlich kommuniziert. Aber das war keine ganz leichte Aufgabe. Gott musste dies auf eine Art und Weise schaffen, die uns die ganze Fülle seiner Liebe mitteilt, aber gleichzeitig unsere Freiheit bewahrt, selbst zu entscheiden, wie wir darauf antworten wollen. Denn wenn auch nur ein kleines bisschen dieser Freiheit weggenommen wird, wird Liebe unmöglich.

Es gibt nur einen Weg, das zu tun: der Weg der schmerzhaften und unausweichlichen Ungewissheit, der Weg einer zerbrechlichen und sich selbst entäußernden Liebe. Also wenden wir uns der merkwürdigen Geschichte von Jesus von Nazareth zu und den unglaublichen Aussagen, die Christen über ihn machen.

KAPITEL 5

Ein kostenloses Mittagessen

Und nun – hier ist mein Geheimnis: Ich verrate es dir mit einer Offenheit, die ich vielleicht nie wieder erreiche. Deshalb bete ich, dass du in einem stillen Raum bist, während du das hier liest. Mein Geheimnis ist, dass ich Gott brauche – dass ich krank bin und es allein nicht mehr schaffe. Ich brauche Gott, damit er mir hilft zu geben, weil ich scheinbar nicht mehr dazu fähig bin; damit er mir hilft, gut zu sein, weil ich scheinbar nicht mehr gütig sein kann; damit er mir hilft zu lieben, weil ich die Fähigkeit zu lieben verloren habe.

Douglas Coupland, Life after God

Ich erinnere mich daran, wie ich vor ein paar Jahren in der Kathedrale von Wakefield saß und mir die Zeit vertrieb, während ich darauf wartete, dass der Gottesdienst anfing. Nun, ich muss Ihnen wohl kaum erzählen, was für wundersame Dinge einem in so einer Zeit des Nichtstuns passieren können. Diesmal fand ich mich plötzlich neben einem Mann wieder, der auch in der Kathedrale wartete und mir regelrecht eine Predigt hielt. Er erzählte mir, wie hinterhältig, launisch und widerlich er Gott fände. Er hatte ein paar stichhaltige Argumente vorzubringen und tat dies mit Inbrunst und Überzeugung. Es gab überhaupt keinen Zweifel: Gott war entweder ein kompletter Betrüger oder ein totales Monster, und um an ihn zu glauben, müsse man entweder eingebildet oder verrückt sein.

Als er fertig war, blieb mir nichts anderes übrig, als ihm zuzustimmen und zu sagen, dass ich völlig seiner Meinung war. Ich ging sogar noch weiter und schlug vor, auf den Niedergang dieses hässlichen, eitlen Gottes anzustoßen, den ich ebenso leidenschaftlich ablehnte. Von einem christlichen Priester hatte er diese Reaktion nun nicht gerade erwartet, aber ich ließ nicht ab. Nachdem wir auf dem Grab des falschen Gottes, den wir ablehnten, getanzt hatten, sagte ich, dass ich ihm sehr gerne von dem Gott von Jesus erzählen würde, an den ich sehr wohl glaubte. Dies ist kein Gott, der Leid und Not in die Welt schickt, um uns zu prüfen oder zu bestrafen. Er ist kein Gott, der angesichts der Schmerzen und Tragödien, die wir durchleiden, desinteressiert, immun oder unberührt bleibt. Er ist kein Gott, der sich nur darum kümmert, ob wir gut oder böse waren, und der mürrisch eine Art himmlisches Tagebuch führt, in dem er ständig unser Betragen aufschreibt und nur glücklich ist, wenn wir uns fortwährend vor ihm demütigen und um Gnade betteln. Ich glaube vielmehr an einen Gott, der die Welt so sehr liebt, dass er sie nicht betrat, um sie zu verdammen, sondern um sie zu retten. Ein Gott, der sich mit Freude und Traurigkeit auf der Erde auseinandersetzt. Ein Gott, der weiß, was es bedeutet, Mensch zu sein. Ein Gott, der zur Erde hinunterkam, damit wir den Himmel erreichen. Ein Gott, der alles geschaffen und sich dann großzügig selbst gegeben hat, damit wir ein Teil all dessen sein konnten.

Der Mann wurde nicht an Ort und Stelle Christ. Er rannte nicht „Halleluja“ singend aus der Kathedrale, aber er war überrascht und erfreut, glücklich und herausgefordert, weil er Gott auf eine andere Weise betrachtet hatte – durch die Linse von Jesus. Jesus kann man am besten als Gottes Weg begreifen, um Gott kennenzulernen.

Wir haben in diesem kleinen Buch nicht genügend Platz, um alles zu sagen, was man über Jesus von Nazareth wissen muss. Aber das Grundlegende ist: Wenn Christen über Gott reden, reden sie über Gott so, wie er sich in Jesus offenbart hat. Das heißt: Egal, was andere so alles über Gott sagen – Christen sind der Ansicht, dass Gott Mensch wurde und dass Gott durch Jesus lebte und starb und Anteil am menschlichen Leben nahm. Und auch wenn Sie das Buch bis hierhin gelesen haben, werden Sie jetzt vielleicht lieber gehen und etwas Vernünftigeres tun wollen, denn jetzt kommt eine wirklich unglaubliche Aussage – nämlich, dass Jesus vollkommen Gott und vollkommen Mensch ist. Dass sich in seiner Person Himmel und Erde treffen. Dass er nicht nur ein brillanter Redner, Wunderheiler, eine göttlich inspirierte Person oder gar eine Art Superman ist, sondern Gott, der auf die Erde kam.

Viele Menschen – wie mein guter und verständlicherweise wütender Freund in der Kathedrale – haben Gott nie auf diese Weise kennengelernt. Und infolgedessen hat die Idee von einem Gott auch nie zu dem Irrsinn gepasst, der in unserer Welt passiert und mit dem Menschen tagtäglich leben müssen. Aber wenn Gott Anteil an all dem hat, wenn er ein Mensch wurde wie wir, dann ändert das die Lage. Es macht das Leid nicht erträglicher, aber es bewahrt uns davor anzunehmen, dass Gott weit entfernt und desinteressiert sei. Und es sagt uns auch etwas über Gottes Sehnsucht. Wie sonst sollte uns Gott sein Verlangen danach, mit uns Gemeinschaft zu haben, mitteilen als dadurch, dass er einfach zu uns kommt?

Gott begegnet uns in Jesus, um einen neuen Weg aufzuzeigen, diese Welt zu verstehen und zu schätzen. Das Leben, das wir bereits haben, ist gut und wunderbar, aber die unbequeme Herausforderung des christlichen Glaubens lautet, dass nur Gott unser tiefes Verlangen nach Liebe und Frieden stillen kann. Nur Gott kann ein gutes Zentrum für unser Leben sein. Und das ist unbequem, denn auch wenn viele Leute davor zurückschrecken, es ablehnen oder lächerlich machen, spricht es ein fast schmerzhaftes Verlangen in uns an, und alle Versuche, uns abzulenken, vermögen es einfach nicht zu stillen. Doch wenn wir Gott im Zentrum entdecken (denn Gott ist bereits da und wartet darauf, erkannt zu werden), dann begegnen uns auch bleibender Frieden und bleibende Freude. Es gibt keinen Frieden und keine Freude, die wir nicht auch schon in all den wunderschönen Dingen des Lebens entdeckt hätten (ich habe schon über die herrlichen Geheimnisse der Liebe gesprochen, die uns in allen Teilen des Lebens begegnen), aber wir erleben sie dann neu, weil Gott die Quelle des Lebens ist.

Auch wenn uns die Liebe, die es in dieser Welt gibt, im Stich gelassen hat, haben wir in Gott die tiefe Zusicherung: Egal, was in diesem Leben und dem danach, in den dunkelsten Momenten des Zweifels und der Verzweiflung (bis an den Rand des Todes) passiert, wir sind dennoch geliebt.

Das ist die großartige Botschaft des christlichen Glaubens: Gott liebt uns, und nichts kann uns von dieser Liebe trennen. Sie müssen sie sich nicht verdienen. Sie können nichts tun, um sie aufzuhalten. Sie müssen nichts tun, um sie zu bekommen, außer dass Sie sie als das akzeptieren, was sie ist: ein Geschenk. Und selbst wenn Sie sie nicht akzeptieren, nicht verstehen, nie von ihr hören oder sie ablehnen, ist sie trotzdem da und wartet auf Sie, und Sie sind trotz allem genauso geliebt.

Wir werden niemals dazu gezwungen, Gott anzuerkennen. Dies ist keine aggressive Verkaufsstrategie. Das Angebot steht, und ob Sie es nun akzeptieren oder nicht: Gott liebt Sie weiterhin. Das eindeutigste Zeichen für diese umwerfende Wahrheit ist der Tod von Jesus am Kreuz. In einer Zeit, in der so viele Menschen so wenig über den christlichen Glauben wissen, wissen die meisten wenigstens doch so viel: dass Jesus am Ende bereit war, auf qualvollste und grausamste Art zu sterben. Es ist das ultimative Zeichen von Gottes Einsatz für die Welt. Gott hat an allem Anteil. Gott erlebt die größte Ablehnung aller Zeiten. Jesus kommt mit ausgebreiteten Armen auf uns zu und findet Worte des Trostes und der Vergebung für alle, die ihm zuhören. Gott ist nicht so, wie ihn die Frommen oft gerne hätten, auch nicht so, wie die, die Gott ablehnen, oft denken; sondern er ist so, wie man ihn in Jesus finden kann.

Am Kreuz macht Jesus ein für alle Mal Schluss mit dem Zirkus aus dem Befolgen von Regeln, dem Schuldeneintreiben, dem Punktesammeln und den Preisverleihungen der religiösen Systeme, die nur versuchen, Gott in den Griff zu bekommen und den Himmel auf die Leute zu begrenzen, die so sind wie sie. Die Botschaft, die Jesus am Kreuz mit seinem eigenen Blut unterschreibt, ist die, dass wir geliebt und angenommen sind und dass uns vergeben wurde. Wir sind geliebt, auch wenn wir uns selbst nicht sehr liebenswert finden, noch nie geliebt wurden und noch nicht mal wissen, wie sich das anfühlt. Wir sind angenommen, ganz egal, welche Hautfarbe, welches Geschlecht, welchen sozialen Status wir haben oder woran wir glauben. Uns wurde alles vergeben, was Gottes Bild in uns beschädigt, verletzt und verdeckt hat. Uns wurde vergeben, ob es uns nun leid tut oder nicht, ob wir nun erkennen, dass wir etwas falsch gemacht haben, oder nicht, ob wir nun den Unterschied zwischen Gut und Böse kennen oder nicht oder ob wir nun überhaupt an Sünde glauben oder nicht.

Über diese Dinge redeten wir in der Kathedrale von Wakefield: Eine andere Art, Gott zu verstehen, ein Weg, der einerseits uralt ist – zumal die christliche Geschichte schon seit 2 000 Jahren erzählt wird –, der andererseits aber auch brandaktuell ist – weil jeder von uns das mit eigenen Ohren hören muss und weil die christlichen Kirchen sich offenbar manchmal zu sehr damit beschäftigen, andere Geschichten zu erzählen.

Die einzige Frage, die wirklich wichtig ist, ist folgende: Nehmen wir das Geschenk an? Wir müssen die Chance haben zu wählen, sonst wäre es ja keine Liebe. Wir haben die Wahl, weil wir Freiheit haben. Und wenn wir uns nicht sicher sind oder wenn es uns nicht richtig erklärt wurde, und selbst wenn wir uns dafür entscheiden, es abzulehnen und lieber etwas anderes ins Zentrum zu stellen (meist uns selbst), bleibt die Tür dennoch offen. Das Willkommensschild hängt noch dran, der Tisch ist gedeckt, Ihr Platz wird freigehalten, die Eintrittskarte für die Party gilt noch: Sie müssen nur ein Wort sagen und Sie sind drin.

In dem Ganzen gibt es eine letzte ironische Wendung. Wir bekommen es nicht nur geschenkt, nein, wir entdecken es auch selbst. Und zwar nicht etwa, indem wir über heiligen Schriften brüten oder hart daran arbeiten, irgendwo eine tiefe, versteckte Wahrheit auszugraben, die für alle unverständlich bleibt, die nicht ernsthaft danach suchen, sondern indem wir uns darin bewegen. Indem wir in aller Ruhe unsere eigene Lebenserfahrung überdenken, uns an der Liebe freuen, die wir gegeben und erfahren haben, und dann einem Gedanken gestatten, den ersten Kratzer in den Lack unserer agnostischen Weltanschauung zu ritzen. Und dann fangen wir uns an zu wundern: Vielleicht könnte sie ja stimmen, diese merkwürdige Geschichte, diese Religion, die eigentlich gar keine Religion ist, sondern die freudestrahlende Botschaft, dass Religionen ab jetzt nicht mehr nötig sind.

Menschen brauchen keine Systeme, Rituale und Programme, um Gott zu finden und mit ihm auszukommen. Sie müssen nicht nach ihm suchen. Diese Weisheit von Gott ist kein Schatz, der von einer spirituellen Elite gehütet wird. Es geht nicht darum, dass eine Religion richtig ist und alle anderen falsch und man jetzt nur noch die richtige Wahl treffen muss. All das – das ganze Verlangen des menschlichen Herzens, die Weisheit und die Schönheit jeder menschlichen Tradition und jeder religiöse Impuls in unserer von

Gott erschaffenen Menschheit –, all das findet seine Erfüllung in Jesus, weil er derjenige ist, durch den alles geschaffen wurde und der ein Mensch wurde wie wir, damit wir Gott kennenlernen können.

Das ist die christliche Botschaft, die den Herzschlag im Zentrum des Universums bildet: Alle Absichten Gottes, die durch das Leben, den Tod und die Auferstehung von Jesus offenbart werden, dürfen wir als Liebeserklärung verstehen, die an jeden und jede Einzelne von uns persönlich ausgesprochen wurde. Es ist eine Einladung, ein neues und überfließendes Leben zu leben. Entweder stimmt das, oder das komplette christliche Denkgebäude bricht zusammen. Aber wenn es stimmt, dann ist es die Grundlage, das Zentrum, auf dem alles andere gegründet werden sollte. Alles verändert sich. Allen vernünftigen Einwänden unserer besorgten und von Konkurrenz getriebenen Welt zum Trotz gibt es so etwas wie ein kostenloses Mittagessen. Gott selbst hat den Tisch gedeckt, und jeder von uns ist eingeladen.

KAPITEL 6

Die Person werden, die wir sein sollen

Die vollkommene Freude ist es, Gott in allen Dingen zu erblicken.

Juliana von Norwich

Vor einigen Jahren hielt ich in einer Schule in Huddersfield eine Schulandacht. Als ich danach ins Lehrerzimmer ging, um eine Tasse Kaffee zu trinken, war eine der Lehrerinnen wegen eines bestimmten Vorfalls an diesem Morgen ganz aus dem Häuschen. Ich habe die pädagogische Absicht ihrer Übung nie ganz verstanden, aber sie hatte den Kindern der Reihe nach die Augen verbunden und sie gebeten, sich vor die Klasse hinzustellen, um dort verschiedene Gegenstände zu erraten. Ein kleines Mädchen von vielleicht sechs oder sieben Jahren kam nach vorne. Die Lehrerin verband ihr die Augen und fragte sie, ob sie etwas sehen könne. Das Mädchen bejahte. Also zog die Lehrerin die Augenbinde zurecht und fragte sie erneut. Wieder sagte das Mädchen ja. Ab diesem Zeitpunkt wusste die Lehrerin, dass irgendetwas vor sich ging: Die Augenbinde saß definitiv fest, das Mädchen konnte also unmöglich etwas sehen. Also versuchte die Lehrerin es anders und fragte das Mädchen: „Was siehst du denn?" Das Mädchen antwortete: „Blumen und Bäume und Flüsse und Berge."

Es war so schön, sich vorzustellen, wie das Mädchen dort im Dunkeln stand – und was sah es? Einfach alles.

Dann dachte ich bei mir: Und was bringen wir diesem Mädchen bei? Nun, wir bringen ihm bei, dass es falschliegt, dass es nur seine Fantasie ist, dass diese Bäume und Blumen und Flüsse und Berge nicht echt sind.

Von der Perspektive der Ewigkeit aus und mit der Weisheit von Jesus betrachtet hat das Mädchen recht. Es kann alles sehen. Als es dort ganz still in der Dunkelheit stand, war es offen für das gesamte erschaffene Universum. Die Dunkelheit ist für es nicht dunkel. Aus der Dunkelheit heraus erhält es die Einladung, das Licht zu genießen. Vor seinem inneren Auge – oder sollte ich sagen, seinem „geistlichen" Auge? – sieht es die ganze Welt.

Was können wir daraus lernen? Und wie können wir dieser Einstellung zum Leben nacheifern, in der der einzelne Moment Anteil an jedem anderen Moment hat? Zunächst einmal müssen wir wieder akzeptieren, dass Gottes Ewigkeit in unsere Zeitrechnung hereinbricht und dass wir Gottes Kinder sind. Das ist die großartigste Aussage über uns, die man sich vorstellen kann, und eine, die wir annehmen und umsetzen müssen, wenn wir Freude und Frieden finden wollen. Wir sind Teil dieser erstaunlichen Schöpfungsordnung und in der Lage, die Schöpfung mit demselben Vergnügen und Erstaunen zu betrachten, das wir auch in Gott finden.

Menschen sind wie Gott. Das ist eine weitere merkwürdige Feststellung. Wir ähneln Gott in der Fähigkeit, uns zu wundern. Das ist die Bedeutung der Aussage, dass wir im Bilde Gottes geschaffen sind.

Aber auch auf andere Art und Weise spiegelt unser Leben Gottes Leben wieder. Zunächst einmal sind Menschen sozial. Wie Gott sind auch Menschen sich selbst dann am treusten, wenn sie erkennen, wer sie in Gemeinschaft mit anderen sind. Das passiert in Beziehungen, mit Freunden, in der Familie und in den Gemeinschaften, in denen sich unser

Leben abspielt, bei der Arbeit und in der Freizeit. Und Christen glauben, dass Gott selbst schon eine Gemeinschaft von Personen ist – Vater, Sohn und Heiliger Geist.

Wie Gott, so sind auch Sie besonders und einzigartig. Wie auch immer Sie sich Gott vorstellen und egal, wie Gott wirklich ist: Gott ist nicht Teil des Universums, nicht Teil der Schöpfung, die er gemacht hat. Und auch wir haben einen gesonderten Platz in der Schöpfung. Wir sind brandneu. Wir alle haben ein tiefes Bewusstsein für unser Selbst, ein tiefes Verlangen danach, das Beste aus unserem Leben zu machen, und eine eingebaute Sehnsucht danach, einen Sinn, Zweck und Werte für unser Leben zu finden.

Wie Gott, so sind auch wir kreativ, wollen lieben und geliebt werden, Dingen eine Form geben und unser Leben und die Umwelt verstehen. Wir wollen bessere Menschen werden und das Leben in Fülle genießen.

Ich rede hier von wahrer Liebe und nicht nur von einem pflichtbewussten Gehorsam – aber unsere angeborene Neigung, ganz individuelle, soziale und kreative Kinder Gottes zu sein, kann sich so schnell verlieren. Allzu leicht verlernen Menschen, von anderen Menschen abhängig zu sein, verlassen sich nur auf sich selbst und werden selbstsüchtig. Sie hören auf, die Blumen und Berge zu sehen, und tun so, als ob nur die Dinge real seien, die einen direkten Einfluss auf ihr Leben haben, und als ob sie diese Dinge formen und besitzen könnte. Menschen fangen an, sich selbst nicht mehr in Beziehung zu anderen zu verstehen, sondern in Hierarchien und in Opposition zu ihnen. Sie errichten um sich, um ihre Familien, Gemeinschaften und Nationen herum Mauern.

Man sagt, dass das einzige von Menschen errichtete Bauwerk, das man vom All aus sehen kann, die Chinesische

Mauer ist. Wie schade, dass unser hervorstechendstes Markenzeichen im Universum unsere Tendenz sein soll, uns voreinander zu schützen und uns zu trennen.

Im christlichen Glauben nennt man dies Sünde, und die erste und gefährlichste dieser Sünden, quasi die Quelle aller anderen Sünden, ist die Erhöhung des Ich und das Verleugnen von Gemeinschaft. Menschen tauschen die Erfüllung, die das Leben in Gemeinschaft bietet, gegen ein hedonistisches Streben nach kurzlebigen, selbstsüchtigen und eigennützigen Vergnügungen ein. Es ist eine schreckliche Weltanschauung, der unser gedankenloses Tratschen und Mobben weitere Nahrung geben. Und dann führt eins unausweichlich zum anderen, und plötzlich steckt die Welt tief im Sumpf von Massenvernichtung und ethnischer Säuberung, der Vernichtung von Regenwäldern und Ausbeutung der Armen. Unsere Welt ist infiziert mit unserer Unfähigkeit, mit uns selbst zurechtzukommen. Und auch wenn uns das gar nicht beeinträchtigt – egal, wie viel von unserer Selbstbezogenheit zu dem Problem beigetragen hat: Es kümmert uns nicht. Das ist das Problem: Menschen leben, als ob ihnen alle anderen Menschen egal wären. Sie grenzen sich ab von den Sorgen und Nöten der Welt. Sie geben vor, gleichgültig zu sein oder immun oder beides.

Und dann geschieht etwas Abscheuliches: Wir sehen die furchtbaren Dinge, die in der Welt passieren, und stellen mit kühler Überlegenheit fest, dass wir uns einfach nicht vorstellen können, warum Menschen sich um alles in der Welt nur so verhalten. „Die Menschen verhalten sich ja wie Tiere!“, rufen wir. Mal abgesehen von der Tatsache, dass nur sehr wenige Tiere mit derselben Habgier und Verachtung vorgehen wie Menschen, offenbart die scheinbare Unschuld und implizite moralische Überlegenheit dieses Kommentars eigentlich das Herzstück des Problems. Indem wir uns von den Ungeheuerlichkeiten distanzieren, die andere begehen, und sie unmenschlich nennen, ebnen wir den Weg für eine neue Massenvernichtung. Diejenigen, die da auf unseren Fernsehbildschirmen so furchtbare Dinge begehen, sind keine Tiere. Sie sind Menschen wie wir.

Die Welt findet den Gedanken der Sünde nicht wirklich angenehm. Wir ziehen es vor zu glauben, dass alles relativ sei und dass es eine rationale Erklärung für alle unsere Handlungen gebe, egal wie grausam und zerstörerisch diese sein mögen. Aber was, wenn manche der schlimmen Dinge, die wir sagen oder tun, vorsätzlich und in dem vollen Bewusstsein getan wurden, dass sie niemandem nützen außer uns selbst? Was, wenn wir die Dinge tun, von denen wir wissen, dass sie falsch sind, und es nicht schaffen, die Dinge zu tun, von denen wir wissen, dass sie richtig sind? Was, wenn wir so viele falsche Entscheidungen treffen, dass wir schließlich gar nicht mehr zwischen Richtig und Falsch unterscheiden können? Wenn wir so versehrt und moralisch korrumpiert sind, dass wir in allem, was wir tun, maßlos geworden sind?

Die tiefere und etwas unangenehme Wahrheit über uns Menschen ist die, dass wir zwar zu Akten wunderbarer und selbstloser Liebe, aber auch zu den abscheulichsten Gräueltaten fähig sind. Und Gott hält uns dabei weder auf, noch kontrolliert er uns. Er greift nicht ein, wenn wir uns gegenseitig missbrauchen, ausbeuten oder töten. Er wird niemals unsere Hände und Herzen dazu zwingen zu lieben. Nicht weil es ihm egal ist, nicht weil er es nicht könnte, sondern weil das zum Wesen der Liebe gehört. Wenn er auf diese Weise in unsere Freiheit eingreifen würde, würden wir liebesunfähig und somit weniger menschlich werden. Wir wären eher wie heiß geliebte Haustiere, aber nicht Kinder und Erben. Das heißt nicht, dass er nicht helfen kann, sondern dass er das furchtbare Risiko eingeht, uns selbst machen zu lassen. Gott zeigt Menschen, wie sie leben sollen, lässt sie dann aber selbst entscheiden, ob sie sich danach richten oder nicht.

Stellen wir uns einmal vor, Sie sind es, die die Augenbinde tragen. Sie stehen im Dunkeln und müssen sich entscheiden, was Sie sehen und wie Sie Ihr Leben leben wollen und wie Sie auf alles um sich und in sich reagieren. Sie müssen eine Entscheidung treffen. Sie müssen sich entscheiden, auf wessen Seite Sie stehen. Und in diesem kurzen Moment der Stille, wenn Sie einen kurzen Blick auf sich selbst als Kind Gottes erhaschen und Ihnen die unglaublichen Wunder des Universums offenbart werden, müssen Sie dafür bereit sein, dass es auch für Sie Vergebung und Erlösung geben kann.

Dafür ist schon ein Willensakt nötig. Sie können nicht einfach nur abwarten und hoffen, dass Sie sich eines Tages reumütig genug fühlen, um sich zu entschuldigen, oder moralisch konsequent genug sind, um das Richtige zu tun. Es hat damit zu tun, dass Sie die tatsächlichen Gegebenheiten akzeptieren. Wenn wir ganz ehrlich zu uns selbst sind, können wir sehr wohl zugeben, dass wir nicht die Menschen sind, die wir gerne sein würden, geschweige denn so, wie Gott uns gerne sehen würde. Wir alle hängen noch an unserer Vergangenheit, und das aus gutem Grund. Es gibt Dinge, die wir gesagt oder getan haben, die Schaden angerichtet haben. Menschen sind durch unsere Worte und Taten verletzt worden. Menschen fühlen sich vernachlässigt, weil wir sie vernachlässigt haben. Viel Gutes ist nicht passiert, weil wir beschlossen haben, es nicht zu tun.

Die Wahl ist also eine echte. Ist in der Welt alles nur zufällig und sinnlos und können wir gar nicht anders, als das bisschen Spaß, den wir haben können, zu retten, während wir darauf warten, dass der Tod irgendwann den Vorhang fallen lässt? Oder gibt es noch eine andere Art zu leben?

Wenn es stimmt, dass wir durch Jesus entdecken, dass wir Gottes Lieblinge, das lang ersehnte und unvermeidliche Ziel der Schöpfung sind, und wenn es stimmt, dass Jesus uns einlädt, in Fülle zu leben und mit Gott Gemeinschaft und Anteil an seinem ewigen Jetzt zu haben, dann müssen wir uns entscheiden, ob wir das annehmen wollen oder nicht. Dann müssen wir unser Leben neu darauf ausrichten.

Diese Neuausrichtung verlangt drei Dinge: als Erstes Dankbarkeit. Wir sollten vor allem dankbar sein für das Leben, das wir haben. Wir sollten mehr über die Welt staunen, von der wir ein Teil sind. Wir sollten uns freuen, dass wir durch Jesus Gemeinschaft mit Gott haben können. Das sind alles gute Nachrichten.

Das Zweite ist Reue. Wenn wir das Leben klarer vor Augen haben und uns dessen Sinn vertrauter ist, wird uns immer deutlicher werden, wie oft wir unser Leben schlecht gebraucht oder sogar missbraucht haben. Und egal, ob uns das leid tut oder nicht – manchmal dauert es sehr lange, bis wir uns vom Hedonismus unserer Zeit befreit haben und echte Reue empfinden können –, müssen wir demütig bekennen, dass wir Gott brauchen und traurig sind über unsere Fehler. Das kann im Stillen an jedem Ort und zu jeder Zeit passieren. Es ist schmerzhaft, ernüchternd und erstaunlich tröstlich. Manchmal tut es auch gut, das mit einem vertrauten anderen Christen oder sogar Pastor zu tun. Oft geschieht es allein – auch wenn es das eigentlich gar nicht gibt, dass wir wirklich allein sind.

Und das Dritte ist dann, dies alles zu leben – und darum wird es im Rest des Buches gehen.

KAPITEL 7

Die Tiefe des einzelnen Moments

Menschen sind die einzigen Lebewesen, die den Schmerz der Trauer fühlen können, der sich durch die lineare Zeit hindurchzieht. Als Menschen stehen wir unter dem Fluch, in der Zeit gefangen zu sein; dem Fluch, das Leben gezwungenermaßen als eine Abfolge von Ereignissen zu interpretieren – als eine Geschichte. Und dass wir uns irgendwie verloren fühlen, wenn wir es nicht schaffen herauszufinden, was unsere ganz eigene Geschichte ist.

Douglas Coupland, Life after God

Vor kurzem ist mein jüngster Sohn Samuel mitten in der Nacht aufgewacht. Er war total verstört und weinte unaufhörlich, weil er Angst vor dem Sterben hatte. Das ist die Furcht, mit der wir alle zu leben haben. Ich erinnere mich, wie ich vor ein paar Jahren ein Gespräch mithörte: Jemand sagte zu jemand anderem: „Wie oft denkst du an den Tod?" – „Ach, nicht so oft", antwortete der andere, „nur alle paar Stunden mal".

Nun ja, nicht alle Erwachsenen denken so häufig an den Tod. Viele von uns befinden sich in einem permanenten Zustand der Verdrängung, stemmen Gewichte und zählen Kalorien in der Hoffnung, dass sie mit ausreichend Bewegung, einer gesunden Diät und günstigem Wind ewig leben werden. Oder wenn die Angst mit kaltem Griff unser Herz packt, verkriechen wir uns noch tiefer, pflegen unsere Angst und vermeiden menschliche Kontakte. Aber Samuel kam die Treppe herunter. Er wollte getröstet werden und brauchte Antworten. Ich hörte ihn weinen und kam ihm auf halber Strecke entgegen. Wir saßen auf den Stufen und ich hielt ihn erst mal im Arm und fragte ihn, was denn los sei. Zwischen seinen Schluchzern erzählte er mir einfach, dass er nicht sterben wollte und dass er Angst vorm Sterben hatte.

Das ist das Schwierigste am Elternsein – mit diesen Momenten fertig zu werden, wenn die Kinder sich ihrer eigenen Sterblichkeit bewusst werden. Der natürliche Instinkt ist, sie davor zu schützen, aber wir wissen natürlich auch, dass es zum Erwachsenwerden und zum Menschsein überhaupt gehört, sich der Unausweichlichkeit des eigenen Todes zu stellen. Unsere Aufgabe als Eltern ist es, ihnen zu helfen, das zu verstehen.

Aber viele Menschen gehen dem durch eine komplizierte und hartnäckige Vermeidungsstrategie aus dem Weg. Das geht über das hinaus, was wir vorhin unter die Lupe genommen haben; hier geht es nicht nur um die Träume vom ewig perfekten Körper, sondern um die etwas komplexeren Fragen. Zum Beispiel darum, wie es sein könnte, den eigenen Körper einzufrieren, um dann für den Tag bereit zu sein, wenn der menschliche Forscherdrang einen Weg gefunden hat, den menschlichen Körper aufzutauen und wiederzubeleben. Bis dahin werden Sie dann auch die Möglichkeiten haben, sich einen neuen Körper Ihrer Wahl zu klonen. Wie praktisch!

Oder es können auch ganz stumpfsinnige Gedanken sein, wie zum Beispiel der, sich permanent abzulenken und zu hoffen, dass der Tod einfach weggeht. Nun, das wird er nicht!

Egal, wie fit oder gesund Sie sind, wie erfolgreich Ihr Leben ist und welche Erfolge die Medizin erzielt, um Ihr Leben zu verlängern: Eines Tages wird das Ende kommen. Es wartet auf uns. Ein Bestattungsunternehmer meinte neulich mal zu mir, dass er in letzter Zeit eine Reihe sehr gesunder Leichen beerdigt habe!

Andere Menschen wenden sich einer Religion zu. Aber es ist ein Fehler zu meinen, dass diese alle gleich seien. Einige Religionen reden von einem Weiterleben im Jenseits und davon, wie man es erreicht. Das bringt immerhin den zweifelhaften Trost, zu wissen, wer die Eintrittskarte zum ewigen Leben bekommt und wer nicht. Andere Religionen beschränken sich nur auf das Leben im Diesseits. Was auch immer sie anbieten, es gilt nur im Hier und Jetzt.

Der christliche Weg – der Weg von Jesus – ist da anders. Die Ewigkeit, die hinter dem Tod liegt, kreuzt die Achse der Zeit, in der wir heute leben. Es gelten gleichzeitig das Jetzt und die Ewigkeit. So wie all die anderen guten Dinge, die wir hier untersuchen, ist das ein weiterer Aspekt dessen, was jeden einzelnen Moment ausmacht.

Da waren wir nun – auf den Treppenstufen. Und mein Sohn weinte und sagte mir, dass er Angst vor dem Sterben habe. Ich fragte mich, was ich darauf antworten sollte, und merkte, wie sinnlos Worte sein können, wenn man die Dinge ausdrücken will, die im Leben wirklich wichtig sind. Also hielt ich ihn fest in meinen Armen, weil das eines der besten Mittel ist, um jemandem den Himmel zu erklären.

Während wir uns gegenseitig umarmt hielten, sagte ich ihm, dass ich auch manchmal Angst davor hatte und auch nicht sterben wollte. Ich sagte ihm, dass ich ein paar Antworten auf seine Fragen hätte und dass das aber nicht Antworten von der Art wären, die wirklich etwas bewiesen. Ich konnte ihm keine Antwort darauf geben, was passiert, wenn wir sterben, so wie ich ihm hätte erklären können, dass zwei und zwei vier ergibt. Aber ich konnte ihm erzählen, woran ich glaubte und warum ich es glaubte und warum ich sogar mein Leben darauf baute.

Also erzählte ich ihm, dass mich die Versprechen von Gott trösteten, die er durch Jesus gemacht hatte. Ich erzählte ihm, was ich auch Ihnen erzählt habe: dass Jesus Gott ist, der auf die Erde kam und zu uns in einer Sprache gesprochen hat, die wir verstehen konnten. Und damit meine ich nicht nur die gesprochene Sprache, sondern die Sprache des menschlichen Lebens. Und ich erzählte ihm, dass Jesus wie eine Erklärung Gottes sei, dass er auf unserer Seite sein will. Dass Gott herausfand, wie es sich anfühlte, wie wir zu sein, und dass er sich zu uns ausstreckte. Und dass Jesus uns gesagt und gezeigt hat, dass es ein Leben nach dem Tod gibt.

Er schluchzte noch ein wenig weiter und ich setzte ihn auf meinen Schoß und trocknete seine Tränen. Dann sagte er zu mir: „Wie ist denn der Himmel so?“

Das ist eine sehr interessante Frage und eine, die ich für unglaublich wichtig halte, wenn wir uns tiefer in die Stille des bewussten Nichtstuns hineinbegeben wollen. Wie ist denn nun der Himmel? Die meisten Menschen beantworten diese Frage, indem sie an einen Ort denken und sich dann vorstellen, wie er sein könnte und wie man dort hinkommt. Während ich Samuel im Arm hielt, sagte ich ihm, dass er versuchen solle, sich den Himmel nicht als einen Ort, sondern als eine Person vorzustellen.

Es ist schon richtig: Jesus redet durchaus davon, dass er an einen Ort geht und ihn für uns vorbereitet und dass er dann wiederkommen und uns dorthin mitnehmen wird. Wenn er das sagt, dann stelle ich mir immer einen großen Tisch vor, an dem für jeden ein Platz gedeckt ist. (Das ist die Einladung zu der Feier, von der ich vorher gesprochen habe.) Aber der echte Trost liegt nicht in dem Ort, sondern in der Tatsache, dass wir bei ihm sein werden. Das ist das letzte große Versprechen: Das Leben, das wir nach diesem Leben bei Gott haben werden, ist ein Leben mit Jesus.

Und jetzt merke ich, dass ich Ihnen im letzten Kapitel diese ganzen Dinge über Jesus erzählt habe, ohne die Auferstehung zu erwähnen. Vielleicht hatte ich Bedenken, dass Sie mich für komplett verrückt halten, wenn ich versuchen würde, Ihnen weismachen zu wollen, dass ein Mensch von den Toten auferstanden ist. Aber genau das ist es, was der christliche Glaube behauptet. Der christliche Glaube besteht in erster Linie aus einer Botschaft: Jesus, der gekreuzigt wurde, ist wieder auferstanden. Das ist es, was die ersten Jünger Jesu erlebten, und alles, was sie danach über ihn sagten oder aufschrieben, taten sie aus der Perspektive dieses Ereignisses. Seine Auferstehung demonstrierte, dass Gott auf eine Art und Weise in ihm und bei ihm war, die einzigartig war, und sie verlieh allem, was er gesagt und getan hatte, noch mehr Gewicht und Bedeutung. Ich bin mir darüber im Klaren, dass ich Ihnen nichts von alledem beweisen kann. Aber ich glaube auch, dass alle anderen Erklärungen, wie die christliche Kirche entstanden ist, im Gegensatz zu dieser elementaren Aussage noch viel abstruser klingen. Wie sonst hätte ein Haufen ungebildeter Analphabeten und Fischer aus Galiläa ihre merkwürdige Botschaft in so unfassbar kurzer Zeit über die gesamte damals bekannte Welt verbreiten können? Und warum sonst waren sie eher bereit zu sterben, als von ihrer Überzeugung abzulassen, als wenn sie nicht selbst erlebt hatten, dass es wahr ist? Sie hätten sich ja auch alles ausdenken können. Vielleicht war es ja eine Art Massenhalluzination gewesen. Vielleicht hatten sie sich ja einfach so sehr gewünscht, dass Jesus am Leben war, und hatten seine Gegenwart so sehr gespürt, dass sie sich selbst von ihrer komischen Botschaft überzeugen ließen. Aber eigentlich passen diese Erklärungen nicht zu den Fakten. In der Archäologie und Geschichtsforschung finden sich Hinweise für die rasante Verbreitung des christlichen Glaubens. Es gibt Berichte über die Tapferkeit und Bescheidenheit, mit der die ersten Christen sich weigerten zu leugnen, was sie erlebt hatten. Viele von ihnen wurden deshalb umgebracht. Würden Sie Ihr Leben damit verbringen, der Welt etwas mitzuteilen, das Sie sich nur ausgedacht haben? Würden Sie für etwas sterben, von dem nur Sie allein überzeugt sind?

Wie auch sonst in diesem Buch müssen Sie auch hier für sich selbst entscheiden, was Sie davon halten. Aber wenn es wahr ist, dass Jesus in seinem Leben und Sterben Gott war, der auf die Erde kam, und in seiner Auferstehung die Erde mit zum Himmel nahm, dann ist es egal, was der Himmel sonst noch sein kann. Einer Sache können Sie sich sicher sein: Im Himmel sein heißt bei Jesus sein. Und bei Jesus zu sein bedeutet, bei jemandem zu sein, bei dem Sie vollkommen Sie selbst sein können. Es bedeutet, bei jemandem zu sein, der Sie besser kennt als Sie sich selbst, bei jemandem, der weiß, was es bedeutet, ein Mensch zu sein. Er sieht Sie, wie Sie wirklich sind, und liebt Sie trotzdem. Er sieht, wer Sie sein könnten. Er ist auf Ihrer Seite und unterstützt Sie.

Auf diese Weise mit Gott verbunden zu sein ist so, wie bei einem guten Freund, einem Kind oder Partner zu sein – bei jemandem, mit dem es schon das reinste Vergnügen ist, einfach nur zufrieden zu schweigen. Wenn wir mit dieser Person zusammen sind, fühlen wir uns mehr wie wir selbst und auch friedlicher. Von dieser geliebten Person getrennt zu sein ist so, als ob wir von uns selbst getrennt wären. In einer liebevollen Umarmung finden wir nicht nur Sicherheit und Frieden, wir finden auch unser wahres Ich. Und wenn Sie diese Erfahrung noch nicht gemacht haben, wenn das Leben Sie in dieser Hinsicht im Stich gelassen hat, dann ist es eine Erfahrung, die Ihnen noch offen steht. Es ist trotz allem möglich, bei Gott Sicherheit und Annahme zu erfahren und liebevoll empfangen zu werden.

So ist der Himmel: mit einer Person zusammen zu sein, bei der Sie sich nicht nur gut fühlen, sondern die das auch durch Annahme, Liebe und Vergebung ausdrückt und die Ihnen hilft, immer mehr Sie selbst zu sein. Das geschieht, wenn Gott im Zentrum Ihres Lebens ist.

Und natürlich ist der beste Weg, das zu erfahren, nicht der, dass Sie versuchen, es zu erklären, sondern der, dass Sie sich an diese Momente in Ihrem eigenen Leben erinnern, als Sie in der liebevollen Gegenwart einer geliebten Person waren. Wenn Sie diese Erfahrung noch nie gemacht haben, dann ist es tatsächlich schwieriger, sich die Liebe Gottes vorzustellen. Und es bringt auch nichts, sie vorzutäuschen. Wenn Ihre Familie und Freunde Sie im Stich gelassen haben, dann ist es viel schwieriger, jemandem Vertrauen zu schenken, von Gott ganz zu schweigen. Doch das heißt nicht, dass die Liebe und Bestätigung dann weniger real sind oder dass sie nicht gleichermaßen gelten. In Gottes Gegenwart sind Sie angenommen und geliebt und werden Sie fähig, Sie selbst zu sein. Für manche von uns bedeutet das ein viel größeres Risiko. Die Erfahrung, in der Vergangenheit enttäuscht worden zu sein, macht es uns noch viel schwerer, uns verletzlich zu machen und das Risiko einzugehen, wieder verletzt zu werden. Deshalb muss die christliche Kirche noch mehr daran arbeiten, dass sie ein Ort wird, der für alle Menschen offen ist und alle annimmt, vor allem diejenigen, die erschöpft sind von den Wirren und Entbehrungen des Lebens. Christen sollten das Willkommen verkörpern, das Gott an die Welt ausspricht.

Sie bekommen einen Vorgeschmack auf den Himmel, wenn Sie sich daran zurückerinnern, wie Sie von Ihrer Mutter oder Ihrem Vater fest im Arm gehalten wurden, wie Sie mit einem vertrauten Freund zusammen waren oder einen wunderschönen Moment der Intimität erlebten. Es gibt diese Momente nach dem Sex, wenn der Körper noch aufgewühlt ist und man entspannt neben der Person liegt, die einem dieses Lustgefühl geschenkt hat, und es sich geborgen und wunderbar anfühlt, einfach nur bei ihr zu sein. Und wenn das wahr ist: wenn der Himmel bedeutet, mit Jesus liebevoll verbunden zu sein (was übrigens auch ein Eintauchen in das echte Leben Gottes bedeutet), dann können wir nicht einfach vom Himmel als einem Ort sprechen, an den wir kommen, wenn wir tot sind. Der Himmel passiert jetzt, er ist eine gegenwärtige Realität und gleichzeitig eine zukünftige Hoffnung. Auf einmal wird die Zeit selbst anders wahrgenommen. Sie existiert zwar noch als unvermeidbarer Rahmen, in dem unser Leben auf der Erde stattfindet, aber innerhalb dessen erleben wir eine andere Dimension des Seins, die Dimension der Ewigkeit. Und das „Ewige", in dem Gott existiert, setzt sich in Ihrem Herzen fest.

Als Jesus seinen Jüngern sagte, dass er weggehen, einen Ort für seine Freunde vorbereiten, dann zurückkommen und sie mitnehmen werde, so das Neue Testament, war einer davon Thomas. Der Jünger, den man auch als den „zweifelnden Thomas" kennt, spielt in der Dramaturgie der Geschichte häufig den erfrischend kritischen Antagonisten. Er stellt eine nur allzu menschliche Frage: „Wir wissen nicht, wohin du gehst. Wie können wir dann den Weg kennen?"

Für die ersten Jünger fühlte sich der Gedanke an Jesu Weggehen, und an diesem Punkt der Geschichte auch die furchtbare Möglichkeit seines Todes, an, als würde man ihnen ihr Zentrum herausreißen. Bei uns löst der Gedanke an unseren eigenen Tod, das Nachsinnen über unsere eigene Auslöschung und das scheinbar sichere Ende der Welt – selbst wenn wir gestandene Christen sind –, Angst aus. Aber Jesu Antwort auf Thomas' Frage ist von größter Relevanz. Er sagt: „Ich bin der Weg, die Wahrheit und das Leben. Niemand kommt zum Vater als durch mich." Bisweilen haben Christen diesen Text dazu benutzt, um in unangemessener Weise ihren Glauben über andere Religionen zu stellen. Aber für unsere Fragestellung kann man daraus eigentlich nur ersehen, dass Jesus meint, dass der Weg des Lebens, die Wahrheit über das Leben und sogar das Leben selbst auf ihn ausgerichtet sind. Diese Aussage ist noch erschütternder und empörender als die, die ich zuvor gemacht habe. Aller gesunder Menschenverstand und alle Weisheit der Welt scheinen dagegen zu sprechen. Und in der Tat gibt es nur eine mögliche Rechtfertigung für eine so absurde Aussage: Sie ist wahr. Und das ist die christliche Überzeugung – dass der Weg, die Wahrheit und das Leben Gottes auf Jesus ausgerichtet sind und dass Sie das Leben mit ihm genießen können und dass dieses Leben hier und jetzt gefunden und erlebt werden kann. In diesem Sinne ist der Himmel schon unter uns: Er ist kein Ort, den man erst finden muss, sondern eine neue Realität, innerhalb derer Sie bleiben können, sodass jeder verstreichende Moment kein verlorener Moment mehr ist – nicht mehr nur ein Moment, der Sie näher an die schreckliche Endlichkeit des Todes rückt, sondern eine Theophanie (das ist das schicke theologische Wort für eine Offenbarung Gottes). Das ist es, was Leute meinen, wenn sie davon reden, dass sie ein „christliches Leben" führen. Es bedeutet nicht, dass die Angst vor dem Tod verschwindet, sondern wir leben mit einer bestimmten Haltung gegenüber der Zeit. Wir sind in der Lage, uns über jeden einzelnen Moment zu freuen und alles zu achten, was sich darin verbirgt: Denn jeder verstreichende Moment ist ein Teilnehmen an der Ewigkeit.

KAPITEL 8

Lernen, sich zu Hause zu fühlen

> ***Ich bin zunehmend glücklicher damit, über die einfachen Dinge des Lebens nachzusinnen, jetzt, wo ich den Frühling meiner Senilität erreicht habe.***
>
> *Richard Chartres, Bischof von London*
> *Church Times, 24. Februar 2006*

Ich habe die Geschichte schon einmal erzählt, aber ich muss Ihnen trotzdem noch einmal schildern, was mir vor einigen Jahren passiert ist, als die Stadt den Gehweg vor unserem Haus asphaltieren ließ. Es ist eines dieser Erlebnisse, die mir immer wieder einfallen, und eines, über das ich immer wieder rede, weil es für mich ein Moment der Offenbarung war. Ein paar Tage, nachdem die Arbeiter fertig waren, kam ich aus dem Haus und ging den Gehweg entlang, als ich plötzlich unvermittelt vor einem winzigen Stückchen Grün stehen blieb. Es war wirklich nur ein klitzekleines Fleckchen, ich weiß nicht mal, was es war, aber es war ganz eindeutig eine Pflanze, die sich am Teer festklammerte und ihre mikroskopisch kleinen Wurzeln in das bisschen Flüssigkeit streckte, das sich in einer winzigen Mulde gesammelt hatte und so leicht zu übersehen war, dass man nicht mal im Traum darauf kommen würde, dass sich hier Leben entfalten könnte. Und es hatte nur 48 Stunden gedauert. Erst zwei Tage war es her, dass der Asphalt ausgewalzt worden war, und schon war die Expansionsmacht der Natur im Anmarsch und holte sich ihr Territorium zurück! Und wie ich da voller Ehrfurcht vor dem hartnäckigen Existenzwillen dieses kleinen Fleckchens Leben stand, überkam mich plötzlich ein unglaubliches Verlangen, auf die Knie zu gehen, dort an

Ort und Stelle, und Gott zu preisen. Er erschien mir einfach so unglaublich. Ich fühlte mich verbunden mit der wilden, mysteriösen und hartnäckigen Kreativität, die so unaufhaltsam in unserer Welt wirkt; diese verblüffende Oase des Lebens. Heben wir einen Stein hoch, finden wir eine Kolonie Kellerasseln darunter. Vergessen wir ein paar Tage, unsere Kaffeetasse zu spülen, bildet sich sofort eine Schicht aus Bakterien. Lassen wir den Asphalt ein paar Tage unbeobachtet, wächst schon bald Rasen darauf. Ich sah es voller Bewunderung und sehnte mich danach, Gott zu preisen.

Aber ich kniete mich nicht hin, mitten auf der Straße. Das ist der wahre Grund, warum ich Ihnen diese Geschichte erzähle: Das Problem war nicht, dass ich das Wunder der Schöpfung nicht gespürt hätte, sondern eher, dass ich offenbar nicht in der Lage war, angemessen darauf zu reagieren. Ich verspürte ein überwältigendes Verlangen, Gott zu loben, aber ich blieb „unterwältigt“. Wahrscheinlich dachte ich, dass es blöd aussehen würde, wenn ich mich auf der Straße hinkniete. Ich dachte daran, was andere Leute denken oder sagen würden. Trotzdem ist ein anderer Teil in mir sehr beschämt darüber, wenn ich diese Geschichte erzähle. Warum passiert es, dass ich in den wenigen Momenten, in denen sich Gott tatsächlich real anfühlt und ich mich wirklich über Gottes Ewigkeit freue und seine übersprudelnde Kreativität spüre, nichts damit anzufangen weiß? Warum halte ich dieses Geschehen auf Armeslänge von mir fern und mache mir mehr Gedanken darum, wie ich das in eine Predigt (oder in ein Buch!) einbauen kann, anstatt mich einfach nur daran zu freuen?

An dieser Stelle muss ich einen weiteren Schlüsselgedanken von Jesus vorstellen: „Wenn ihr nicht umkehrt und werdet wie die Kinder, so werdet ihr nicht ins Himmelreich kommen“ (vgl. Matt. 18,3). Das sind radikale Worte, aber sie werden oft missverstanden. Jesus meint nicht nur, dass wir ein kindliches Vertrauen in Gott haben sollten; so wird die Stelle nämlich meistens interpretiert. Er meint damit eher, dass wir wie ein Kind in das Himmelreich eintreten und das Leben als Geschenk empfangen sollen. Kinder sind noch in der Lage, das Leben zu genießen. Sie haben kein Problem damit, sich an dem Stückchen Erde zu freuen, das sich durch den Asphalt hochkämpft. Während wir noch damit beschäftigt sind, „erwachsene" Dinge zu tun, tanzen sie schon längst in den Sonnenstrahlen, die uns kaum noch auffallen. Ihnen fällt es leicht zu spielen. Ihr Geist besitzt einen Sensor für Wunder. Ich will jetzt nicht zu sentimental werden, wenn ich über Kinder spreche (ich habe selbst drei und weiß also, wie sie sind!), aber der wichtige Unterschied scheint der zu sein, dass Kinder die unglaubliche Fähigkeit besitzen, vollkommen im Moment zu leben. Während ich so viel Zeit damit verbringe, über meine Vergangenheit nachzugrübeln oder mir Sorgen um die Zukunft zu machen, sind sie im Hier und Jetzt zu Hause.

Und noch einmal müssen wir einen Gang zurückschalten. Was bedeutet dieser letzte Satz? Ist es denn nicht so, dass wir oft über unsere Vergangenheit nachdenken, an verpassten Chancen festhängen, immer wieder bestimmte Gespräche Revue passieren lassen, nachtragend sind, uns wünschen, wir hätten uns anders entschieden, oder dass wir gerne das Leben zurückspulen und Dinge anders machen würden? Oder wir sind damit beschäftigt, unseren nächsten Schritt zu planen. Wir machen uns Gedanken, was der nächste Tag wohl bringt, träumen von Beförderungen, Gehaltserhöhungen, dem Sommerurlaub und sexuellen Abenteuern. Aber was wir nicht tun – was man bei kleinen Kindern sehen kann – ist, im Augenblick zu leben. Wenn es um die Gegenwart geht, sind wir nicht gegenwärtig.

Wenn wir uns die Zeit als etwas vorstellen, an dem wir teilnehmen dürfen und das uns auf die Ewigkeit vorbereitet, dann ist eine weitere praktische Folge davon die, dass wir uns auch mit unserer Vergangenheit aussöhnen können. Was passiert ist, ist passiert. Wir können es nicht zurückholen und nochmals leben. Wir müssen die Vergangenheit verstehen (und uns oft dafür entschuldigen, wenn wir sie missbraucht haben), aber wir müssen sie dann auch hinter uns lassen. Und es geht nicht darum, dass wir aufhören sollen, uns um die Zukunft zu kümmern oder uns darauf vorzubereiten. Es soll nur nicht dazu führen, dass wir es dadurch vermeiden, uns mit dem auseinanderzusetzen, was jetzt gerade ansteht. Was auch immer Sie von Gott oder vom Himmel halten: Es gibt eine Sache, auf die sich alle einigen können. Und die besteht darin, dass dieser kleine Moment im Jetzt das Einzige ist, das uns sicher ist. Während Sie diese Worte lesen und ich sie schreibe, befinden wir uns in unterschiedlichen Phasen der linearen Zeit, die mit der Entstehung der Welt ins Leben gerufen wurde und mit ihrem Untergang enden wird. Das ist die Zeit, die wir haben, und dieser jetzige Moment – Sie beim Leben, ich beim Schreiben – ist das Einzige, das uns mit Sicherheit gehört. Aber zur gleichen Zeit (oder zu einer anderen Zeit, die in dieselbe Zeit einbricht) haben wir uns seit Anfang des Buches auch in einer anderen Art von Zeit befunden, einer, die die Tiefe jedes einzelnen Momentes auslotet und uns das Leben wieder als eine Abfolge wundersamer Momente offenbart. Es war in einem dieser wundersamen Momente, als ich herausfand, dass ich Gedichte schreiben konnte. Dass ich innehalten und die wundersame Liebe betrachten konnte, die in mir schlummerte. Dass ich glauben konnte, dass diese kreative Kraft der Liebe auch mich mit der Quelle und dem Ursprung des Universums verband. Dass ich innehalten und über die Person Jesus nachdenken konnte, nicht als den großen Lehrer, sondern als den Menschen, der uns die Liebe Gottes vermittelt hat. Es war in solchen wundersamen Momenten – lächelnd und träumend –, dass ich es endlich schaffte, mein Leben zu akzeptieren. Und zwar nicht als Problem, das es zu lösen galt, sondern als Geschenk, das mir Freude machte.

Es ist nicht einfach, das zu tun. Ich verpasste die Chance, mich auf der Straße hinzuknien und Gott für das Fleckchen Erde zu danken, das aus dem Beton wuchs. Trotzdem war es einer dieser wundersamen Momente, der die Einladung in sich barg, mit Gott Gemeinschaft zu haben. Aber wenn unsere Welt so viel Wert auf Geschäftigkeit und Produktivität legt, werden die Menschen auch immer wieder versucht sein zu denken, dass der Sinn des Lebens darin gefunden werden könne, beschäftigt und produktiv zu sein. Doch ab und zu, wenn uns Stille und Einsamkeit aufgezwungen werden (zum Beispiel im Dubliner Flughafen), erkennen wir das. Dann entdecken wir eine in Stille getauchte Ewigkeit und die Einsamkeit als Tor zur Gemeinschaft mit Gott. Aber die meiste Zeit über passiert das nicht. Es ist uns zu peinlich. Oder wir würden lieber darüber reden oder schreiben oder sonst irgendwas tun, als es einfach zu genießen. Oder wir haben zu viel um die Ohren. Wir haben keine Zeit, sagen wir. Aber das zu sagen heißt, die Vorstellung hinzunehmen, dass Zeit nur als begrenzter Vorrat von Minuten und Stunden vorhanden sei.

Atmen Sie einmal tief ein. Legen Sie das Buch für einen Moment zur Seite und schauen Sie aus dem Fenster. Freuen Sie sich an dem, was Sie sehen. Egal, was es ist, schauen Sie es sich an und sehen Sie es als kostbares Geschenk des erschaffenen Universums an, das Ihnen in diesem Moment voller Gnade zuteil wird.

Na dann, sind Sie bereit?

Die Zeit kann die Ewigkeit eines einzigen Moments einfangen. Und auch unsere Zeit auf der Erde kann als Aufeinanderfolge eines ewigen Moments auf den nächsten gelebt werden, bis wir dann, nach dem Tod, in das ewige Jetzt von

Gottes ewiger Gegenwart eintreten. Wenn wir die Zeit auf diese Art und Weise erleben, ist sie ein Vorgeschmack auf den Himmel. Es ist eine Einladung, das Leben anders zu leben. Und auch wenn Sie vielleicht gar nicht an den Himmel glauben, ist es gut möglich, dass es der beste Weg ist, im Leben froh zu werden. Und es kann auch der beste Weg sein, um herauszufinden, ob der Himmel existiert oder nicht.

Wenn Sie die Zeit auf diese Art wahrnehmen, birgt sie die Möglichkeit, dass Sie sich ganz neu über die Menschen und Dinge um Sie herum freuen können. Sie bietet Ihnen die Gelegenheit, überrascht zu werden und zu erkennen, dass der Faulpelz in Ihnen eigentlich das kleine Kind ist, zu dem Sie erst werden müssen, wenn Sie in Gottes Reich eintauchen wollen. Damit Sie sich auf Ihrem Totenbett nicht krampfhaft an den letzten Augenblicken festhalten und Gott um Aufschub bitten müssen oder auf die Medizin wütend werden, weil sie immer noch kein Mittel gegen die Sterblichkeit entdeckt hat. Stattdessen können Sie friedlich im letzten Moment der chronologischen Zeitrechnung ruhen und das dann folgende „ewige Jetzt“ willkommen heißen.

Wenn Leute sagen, dass sie Kinder Gottes sind, dann meinen sie damit, dass sie das Leben wie ein Kind leben und genießen und dass sie bereit sind für den Himmel, weil sie den Himmel jetzt schon erleben.

KAPITEL 9

Ein Einsteigerkurs im Stillsitzen

Da gehen nun die Menschen hin und schauen staunend nach den Gipfeln der Berge, den Meeresfluten ohne Grenzen, dem breiten Strömen gewaltiger Flüsse, der endlosen Weite des Ozeans und dem Lauf der Sterne – sich selber aber sehen sie nicht oder sehen sich ohne Erstaunen.

St. Augustinus

Vor ein paar Jahren sollte ich in einer christlichen Schule, in der ich regelmäßig als Pfarrer tätig war, eine Andacht halten. Das ist immer ein herausfordernder Auftritt: sieben- bis achthundert Jugendliche, die am Montagmorgen, in eine Aula gedrängt, ein altes Lied, ein Gebet, eine nette Ansprache und die Anwesenheitsliste über sich ergehen lassen müssen. Man stellt sich vorne hin, nur um von einem Meer Grimassen schneidender Gesichter begrüßt zu werden, die zu sagen scheinen: „Na, dann versuch uns doch mal zu beeindrucken!"

Dieses Mal war mein Grad der Beklemmung besonders hoch, weil ich nichts Bestimmtes vorbereitet hatte. Es war der Anfang der Fastenzeit und ich hatte die vage Idee, dass ich sie dazu ermutigen könnte, mit irgendetwas anzufangen, anstatt auf irgendetwas zu verzichten. Aber als ich gerade zur Schule spazierte, verstärkte sich das Gefühl, dass ich mich quasi ohne Benzin im Tank auf der Überholspur einer Autobahn befand und gerade an der letzten Tankstelle vorbeigefahren war.

Aber diese Momente der Panik können auch zu Momenten des Gebets werden, zu Momenten, in denen wir offener sind für Gottes geheime Pläne. Und erst als ich schon im Begriff war, nach vorne zu gehen, formte sich plötzlich diese verrückte Idee in mir. Ich weiß auch nicht genau, wo diese Ideen eigentlich entstehen. Sie scheinen von außen zu kommen, und deshalb ist es schwierig, sie überhaupt als eigene Ideen auszugeben. Sie sind wie ein Geschenk. Plötzlich weiß man einfach, was man sagen oder tun soll, und wenn man die Zeit hätte, alles zu analysieren oder sich besser vorzubereiten, dann hätten diese Ideen nicht dieselbe Kraft. Also stand ich auf und hörte mich selbst in etwa das Folgende sagen:

„Wir leben in einer verrückten, hektischen Welt. Unsere Welt ist voller Bewegung und Lärm. Sogar heute Morgen, in den paar Stunden, seit ihr aufgestanden seid, habt ihr eure Zeit wahrscheinlich schon mit Radio, Fernsehen, Computer und der Playstation geteilt. Ihr habt wahrscheinlich schon jemanden angerufen und ein halbes Dutzend SMS geschrieben. Als ihr euch angezogen, gewaschen, geduscht und gefrühstückt habt, als ihr zur Schule gefahren seid, haben euch bei jedem Schritt Lärm oder Hektik begleitet. Ich glaube, dass viele Probleme in der Welt daher kommen, dass wir es nicht schaffen, still zu sitzen, ruhig zu sein und nachzudenken. Ich glaube, dass wir in dieser Fastenzeit versuchen sollten, darauf zu verzichten, so gehetzt zu sein, und dass wir uns ein paar Momente Stille verordnen sollten."

Dann hielt ich inne, als ob ich meinen roten Faden verloren hätte (und es fühlte sich auch tatsächlich so an, als ob er mir nur Zentimeter für Zentimeter gereicht würde und selbst ich nicht wüsste, was mich am Ende erwartete). Und ich sagte zu ihnen: „Wahrscheinlich habt ihr keine Ahnung, was ich euch hier erzählen will. Ich werde es einmal vormachen. Ich werde versuchen zu zeigen, was ich meine. Ich schlage vor, dass ihr an jedem Tag der Fastenzeit genau eine Minute lang das hier macht. Es wird euer Leben verändern."

Dann nahm ich mir einen Stuhl, stellte ihn in die Mitte der Bühne und setzte mich langsam und vorsichtig darauf, die Beine leicht auseinander, den Rücken gerade, und ließ die Hände locker auf den Knien ruhen. Eine Minute lang saß ich still so da. Ich sagte nichts, ich tat nichts. Ich betete nicht mal bewusst, ich saß einfach nur da. Und ich atmete tief und konzentrierte mich auf meinen Atem. Und als ich dachte, dass die Minute vorüber war, stand ich auf.

Aber bevor ich irgendetwas sagen konnte, erhob sich ein lauter, spontaner Applaus. Ich hatte in dieser Schule schon viele Andachten hinter mir. Und viele Male hatte ich mir das Hirn darüber zermartert, was ich sagen oder tun sollte, um die Vorstellungskraft der jungen Leute zu bewegen. Aber noch nie hatte ich eine solche Reaktion hervorgerufen. Ich wurde in den nächsten Tagen sogar ein paar Mal von Eltern auf der Straße angesprochen, die mir sagten, dass ihr Kind nach Hause gekommen war und von dem Pfarrer erzählt hatte, der in der Andacht einfach nur eine Minute lang still auf der Bühne gesessen hatte und dann vorschlug, sie sollten dasselbe machen. Als nämlich der Applaus abebbte, hatte ich genau das gesagt. Ich hatte behauptet, dass es uns verändern werde, wenn wir still sitzen und ruhig auf die Dinge achten, die tief in uns und um uns herum sind. Man müsse das ja nicht gleich Gebet nennen. Man müsse dem gar keinen Namen geben, weil man genau in dieser bewussten Stille Gott entdecken könne.

Wie bei allen guten Predigten hatte ich es selbst nötig, das zu hören. Es schaudert mich bei dem Gedanken, dass Leute, die mich kennen, dieses Buch lesen. Ich werde dem „bewussten Tagträumen", das ich hier empfehle, selbst nicht gerecht, und das wissen sie auch! Aber ich bin überzeugt, dass die Menschen entweder diese Art, das Leben zu leben und zu genießen, wiederfinden oder untergehen werden. Wir müssen unbedingt damit aufhören, uns einzubilden, dass alles so dringend sei. Nur so werden wir es schaffen, den Faulpelz in uns zu pflegen.

Hier ist eine praktische Anleitung dafür:

Nehmen Sie sich einen Stuhl. Einen nicht zu bequemen, aber auch keinen zu harten, einen Küchenstuhl zum Beispiel. Stellen Sie diesen an einen ruhigen, friedlichen Ort. Vielleicht stellen Sie ihn sogar an ein Fenster, damit Sie hinausschauen können oder andere schöne Dinge im Blickfeld haben – Blumen, eine Kerze, ein schönes Bild. Aber machen Sie sich darum nicht zu viele Gedanken: denn bald werden Sie ihre Augen schließen.

Setzen Sie sich jetzt auf den Stuhl. Rutschen Sie ein wenig auf Ihrem Hintern herum, dann werden Sie merken, dass es am unteren Ende Ihrer Wirbelsäule einen Knochen gibt, der genau zum Sitzen gemacht ist. Und wenn Sie nicht krumm, sondern aufrecht genau darauf sitzen, dann ist Ihr Rücken gerade und Sie werden ganz von selbst aufrecht und bequem sitzen.

Stellen Sie nun Ihre Beine richtig hin. Strecken Sie sie nicht aus, schlagen Sie sie nicht übereinander, sondern stellen Sie sie locker nebeneinander und legen Sie die Hände auf die Oberschenkel, kurz über dem Knie. Versuchen Sie Ihren Nacken gerade zu halten und geradeaus zu schauen.

Atmen Sie jetzt vorsichtig und tief ein und aus.

Richten Sie Ihre Aufmerksamkeit auf Ihren Atem. Konzentrieren Sie sich darauf und versuchen Sie ein paar Augenblicke lang, an nichts anderes zu denken.

Achten Sie darauf, wie die Luft in Ihre Lungen strömt, und lassen Sie Ihren Brustkorb mit dieser Luft größer und voller werden. Und wenn Ihre Lungen voll sind – lassen Sie sie voller werden, als Sie es normalerweise tun –, dann halten Sie einen Moment lang die Luft an und atmen noch nicht aus. Genießen Sie kurz das Gefühl Ihrer prall gefüllten Lungen und Ihres völlig ruhigen Körpers. Konzentrieren Sie sich auf diese absolut fundamentale Funktion Ihres Körpers – das Ein- und Ausatmen der Luft. Und atmen Sie dann langsam aus. Sie können dabei fast pusten.

Holen Sie dann erneut Luft, und während Sie einatmen, denken Sie an all die guten Dinge, die Sie in Ihr Leben aufnehmen möchten, alle Dinge, für die Sie dankbar sind. Sie können bei jedem Einatmen auch an eine Sache denken, für die Sie dankbar sind.

Während Sie die Luft in Ihren Lungen halten, versuchen Sie, dankbar zu sein für das Geschenk Ihres eigenen Lebens. Machen Sie sich bewusst, dass Sie von der Luft im Raum und von den scheinbar selbstverständlichen Abläufen Ihres Körpers abhängig sind.

Atmen Sie wieder aus und schicken Sie dabei alle Gedanken des Ärgers, der Bitterkeit, der Frustration und des Bedauerns mit hinaus. Befreien Sie sich von dem beängstigenden Verlangen, wichtig zu sein und im Mittelpunkt zu stehen. Lassen Sie es zu, dass Sie sich als Teil der Schöpfung fühlen und abhängig von den Ressourcen sind, die Ihnen von außen geschenkt werden.

Und dann, während Sie noch bewusst atmen, aber sich nicht mehr so stark darauf konzentrieren müssen, schließen Sie Ihre Augen und erlauben Sie dem Rhythmus Ihres Atmens, langsam Ihr ganzes Wesen zur Ruhe zu bringen. Wahren Sie diese Stille, und Sie werden, ohne es aktiv zu wollen, die große Weite der Welt um sich herum spüren.

Vielleicht hilft es Ihnen an dieser Stelle, wenn Sie die Hände umdrehen, sodass Ihre Handflächen jetzt nach oben zeigen. Diese etwas verletzlichere Haltung wird Ihre gefühlte Offenheit verstärken und Ihre Sehnsucht ausdrücken, etwas zu empfangen.

Jetzt sind Sie still geworden. Sie haben sich gesammelt. Sie fangen an zu beten. Aber es ist nicht wichtig, ob es sich für Sie wie ein Gebet anfühlt. Es ist eine Methode, inmitten all Ihrer Hektik still zu werden.

Ich praktiziere diese Art des Stillsitzens schon mehrere Jahre, und manchmal ist es mir gelungen, fünf Minuten lang so bewegungslos und aufmerksam dazusitzen. Meistens dauert es jedoch kürzer. Andere, geübtere Menschen als ich können stundenlang so still sitzen. Aber es geht gar nicht so sehr um die Zeitspanne, sondern eher darum, eine bestimmte Haltung zum Leben einzuüben und ein wachsendes Verlangen nach Stille und Bewusstsein zu bekommen.

Man kann das überall praktizieren: an einem ruhigen Ort zu Hause, im Zug oder auf einer Parkbank. Aber ich bin der festen Überzeugung, dass die Welt ein viel glücklicherer Ort wäre, wenn wir alle lernen würden, so still zu sitzen.

Und wenn dieses Stillsitzen für eine vielbeschäftigte Person wie Sie etwas zu viel ist, dann nutzen Sie die Möglichkeiten, die sich Ihnen im täglichen Leben bieten. Wenn die Sonne scheint und Sie fünf Minuten entbehren können, dann legen Sie sich in die Sonne. Freuen Sie sich an der Wärme auf Ihrer Haut. Wenn Sie zur Arbeit pendeln, dann verwandeln Sie doch einfach ein paar Minuten Zugfahrt in kontemplative Zeit. Wenn Sie spazieren gehen, bauen Sie einfach einen Moment zum Innehalten ein. Und wenn Ihre Kinder es zulassen, bleiben Sie samstags einfach mal etwas länger im Bett!

KAPITEL 10

Langsamer werden, den Mund halten und die Stimme erheben

Ein Stück Käse, eine Flasche Bier und ein kurzer Mittagsschlaf würden mehr Probleme in der Industrie, Politik und Kirche lösen als alle prätentiösen Martini-Meetings der Welt zusammen.

Robert Farrar Capon, The Supper of the Lamb: A Culinary Reflection

Unser modernes Leben ist laut und hektisch. Egal, wohin man geht: Überall gibt es Leute, die uns anschreien, die unsere Aufmerksamkeit und unsere Zeit beanspruchen. Das fordert drastische Maßnahmen. Also – schmeißen Sie den Instant-Kaffee weg. Dass er furchtbar schmeckt, ist eigentlich an sich schon schlimm genug, aber ich will auch die Zeit zurückhaben, die er mir gestohlen hat. Das oberflächliche Versprechen, Zeit zu sparen, hat mir keine Zeit eingespart, sondern mich nur dazu gebracht, meinen Tag noch voller zu quetschen. Was die Menschen im Leben brauchen, sind aber Dinge, die verlangsamen. Umständliche Verfahren und Zeitverschwendungsstrategien – das ist es, was ich will. Diese werden Gelegenheiten für Stille und Reflexion schaffen. Hier kommen ein paar verrückte Ideen, über die Sie nachdenken könnten.

Wenn Sie sich einen Tee machen, dann tun Sie sich nicht einfach einen Teebeutel in die Tasse. Kaufen Sie losen Tee. Wärmen Sie die Kanne vor. Geben Sie den Tee löffelweise hinein und lassen Sie ihn ziehen. Beobachten Sie die kleinen Rituale, die früher gang und gäbe waren, und belohnen Sie sich damit, einmal zwei oder drei Minuten zu warten. Versuchen Sie doch am besten, gleich gar keine Instant-Produkte mehr zu kaufen. Sie schmecken sowieso meistens grauenhaft. Entscheiden Sie sich stattdessen lieber für Dinge, die Zeit brauchen: richtigen Tee und richtigen Kaffee, für deren richtige Zubereitung man Zeit und ein Auge für Details braucht und die Sie zwingen, innezuhalten, zu warten, einen Vorgang wertzuschätzen und zu pflegen.

Schmeißen Sie den elektrischen Rasierer weg, der es Ihnen ermöglicht, sich im Gehen zu rasieren. Kaufen Sie sich einen altmodischen Rasierpinsel, Rasierschaum und eine Rasierklinge und versuchen Sie es auf diese Art.

Kaufen Sie sich ein Fahrrad.

Halten Sie sich an Geschwindigkeitsbegrenzungen.

Gehen Sie öfter mit dem Hund raus.

Fangen Sie an, die Namen der Blumen am Straßenrand zu lernen.

Pflanzen Sie Gemüse an. Sie brauchen nur ein ganz kleines Stückchen Erde, manchmal reicht auch schon ein Blumenkasten, um wieder mit dem geheimnisvollsten Geschenk der Schöpfung in Verbindung zu treten. Gestern haben mein Sohn und ich Sonnenblumen und Karotten, Radieschen und Kürbisse gesät – und zwar in einem Beet, das vielleicht drei Quadratmeter groß war.

Und benutzen Sie zum Gießen keinen Gartenschlauch. Nicht nur, weil es vielleicht gerade ein Bewässerungsverbot gibt, sondern weil es wunderbar ist, zum Wasserhahn zu laufen und die Gießkanne aufzufüllen.

Oder könnten Sie nicht auch gleich eine Regentonne kaufen und das Regenwasser nutzen?

Wenn wir erst einmal anfangen, unseren Sinn für diese kleinen Rituale zu öffnen, die wieder in unser Leben eingeführt werden könnten, dann bekommen wir dafür ein kostbares Geschenk: nämlich das des Wartens und Nachdenkens.

Backen Sie doch mal Ihr eigenes Brot, oder kochen Sie etwas häufiger eine richtige Mahlzeit, anstatt sich immer den grauenhaften Brei aus der Kantine anzutun.

Oder noch besser: Kochen Sie ein Risotto. Das ist das zeitaufwändigste Rezept, das mir gerade einfällt. Man muss dabei die ganze Zeit am Herd stehen und rühren, während der Reis Unmengen von Wein und Brühe in sich aufsaugt. Und während Sie so am Herd stehen – vielleicht anfangs noch etwas genervt, weil es so lange dauert – und ungeduldig darauf warten, dass es endlich fertig ist, merken Sie irgendwann, wie die Zeit, die Ihnen scheinbar weggenommen wurde, als Geschenk wieder zu Ihnen zurückkehrt. Sie werden mit der Zeit beschenkt, einfach nur hier zu stehen und zu rühren und nachzusinnen und zu träumen. Und wenn es ein großes Risotto ist – wie das, was ich gestern Abend mit meinem ältesten Sohn und meiner Mutter, die zu Besuch war, gekocht habe –, dann ist auch Platz genug für mehr als einen Kochlöffel, und alle können zusammen dort stehen und rühren und sich unterhalten und den von Gott dafür vorgesehenen Platz des Tages genießen.

Sprechen Sie also nicht davon, dass Sie Zeit „verschwenden" oder „abknapsen". Sagen Sie lieber, dass Sie die Zeit „genießen" oder „auskosten".

Sprechen Sie nie davon, dass Sie eine Stunde „totschlagen" müssen. Sagen Sie lieber, dass sie eine Stunde „wiederbeleben" müssen, dass Sie sich von ihr zum Leben erwecken, sich von ihr hinreißen lassen.

Nehmen Sie sich endlich die Zeit, diesen einen Roman zu schreiben. Oder schreiben Sie zumindest diesen einen Brief – und ich meine hier „schreiben", nicht „mailen".

Von allen Dingen, die uns eigentlich Zeit sparen sollten, uns aber stattdessen zwingen, noch mehr Dinge in denselben begrenzten Zeitrahmen zu pressen, sind E-Mails wahrscheinlich die tückischsten. Sie fordern nicht nur meine Aufmerksamkeit und verlangen von mir, dass ich immer noch mehr erledige, nein, sie rauben mir auch die Zeit zum Nachdenken. Sie wollen immer sofort eine Antwort. Sie haben mir nicht mehr Zeit geschenkt, sondern haben meine begrenzte Zeit mit noch mehr Dingen gefüllt.

Lassen Sie sich nicht zum Sklaven Ihres Computers machen. Seien Sie streng zu sich selbst darin, wann er an- und wieder ausgeschaltet wird. Nur weil das Breitband es möglich macht, bedeutet das nicht, dass Sie auch zu jeder Zeit erreichbar sein müssen. Die E-Mail, die heute nach einer Antwort von Ihnen schreit, kann wahrscheinlich auch bis morgen warten. Machen Sie sich doch erst einmal eine Tasse Tee, anstatt gleich zu antworten. Wenn Sie ein wenig Zeit zum Nachdenken hatten, wird die Antwort sowieso besser sein.

Und warum geloben wir nicht alle, in Zukunft etwas vorsichtiger zu sein, bevor wir E-Mails verschicken? Wir können davon ausgehen, dass die meisten, die wir heute geschrieben haben, nie abgeschickt worden wären, wenn uns die Kommunikation eine Briefmarke gekostet hätte. Machen wir uns hier nicht etwas vor? Das ist doch gar keine Kommunikation mehr; oft ist es doch nur leeres Gerede, Gejammer, Smalltalk, Hunger nach Aufmerksamkeit, oder man verschickt irgendwelche halbgaren Gedanken an sein komplettes Adressbuch, die eigentlich überhaupt nicht mitteilenswert waren.

Nun, da ich mir all das von der Seele geredet habe, können wir uns wieder etwas positiveren Aufgaben zuwenden. Abgesehen davon, dass die meisten von uns lernen müssen, langsamer zu werden, müssen die meisten von uns auch lernen, ab und zu den Mund zu halten.

Denken Sie an alles, was ich oben über E-Mails geschrieben habe ... Wir leben ganz allgemein in einer extrem lauten Welt. Es macht fast den Eindruck, als ob wir süchtig nach Lärm sind. Im Hintergrund plappern ständig Radio und Fernseher. Bei einigen von uns laufen in verschiedenen Zimmern mehrere Fernseher gleichzeitig. Während der Eine vor dem einen Gerät sitzt, sitzt der Andere vor dem anderen oder am Computer. Oder er spielt mit seiner Xbox. Oder er hört iPod. Und so geht das immer weiter. Es ist fast so, als ob wir Angst vor der Stille hätten.

Wir müssen die Schönheit der Stille wiederentdecken, die man nur finden kann, wenn der Lärm sich legt. Wir können das entweder tun, indem wir tatsächlich alles eine Weile ausschalten, oder indem wir einen inneren Sinn für Stille entwickeln, der es uns ermöglicht, ruhig und still zu bleiben, während der Lärm um uns herum weitergeht. In diesem Fall wird die Kunst des Stillsitzens eine Hilfe sein.

Aber wir sollten auch nicht vergessen, über unseren eigenen Beitrag zum Lärm nachzudenken. Sind Sie jemand, der vergessen hat, wie man still ist? Sind Sie jemand, der immer etwas sagen muss? Wenn Sie mit anderen Leuten zusammen sind, hören Sie Ihnen dann wirklich zu oder zappeln Sie ungeduldig herum, bis Sie endlich wieder an der Reihe sind?

Es gibt nur wenig, was in uns so sehr ein Gefühl der Bestätigung auslöst, wie wenn uns jemand zuhört. Wenn Sie sich darin üben, sich selbst zuzuhören, und eine Offenheit gegenüber den Dingen um Sie herum bewahren, werden Sie feststellen, dass Sie auch anderen besser zuhören und sich ihnen ganz anders widmen können. Sie finden vielleicht sogar heraus, dass es Ihnen jetzt leichter fällt, sie zu lieben. Sie werden die Verbundenheit zu ihnen stärker spüren. Sie werden nicht immer nur versuchen, möglichst schnell Ihre eigene Meinung loszuwerden. Sie werden auch die Ideen und Beiträge anderer schätzen lernen.

Hier also ein paar praktische Dinge,
um sich im Leben ein wenig Stille zu bewahren:

Reduzieren Sie ihre Fernsehersammlung.

Wenn irgend möglich, richten Sie wenigstens einen Raum in Ihrem Haus oder Ihrer Wohnung ohne Fernseher, Computer oder sogar Radio ein. Oder legen Sie eine Happy Hour fest, in der alles ausgeschaltet bleiben soll.

Nehmen Sie sich jeden Tag wenigstens ein paar Minuten Zeit, in denen Sie vollkommen still sind.

Widerstehen Sie dem Impuls, in jeder Unterhaltung immer das erste Wort zu haben.

Nehmen Sie sich einen Tag frei und verbringen Sie ihn in einer religiösen Gemeinschaft, und genießen Sie einen ganzen Tag in fast vollständiger Ruhe.

Paradoxerweise ist die laute Welt ja gleichzeitig eine erstaunlich einsame Welt – viel Gerede, aber keine Unterhaltung; man ist von Menschen umgeben, aber ohne Gemeinschaft. Viele von uns beginnen den Tag allein. Häufiger als jemals zuvor wohnen Menschen allein. Wir fahren allein zur Arbeit. Wir passieren einen automatischen Ticketschalter auf dem Weg zu einem führerlosen Zug. Wir kommen bei der Arbeit an und betätigen die Stechuhr. Wir meiden die Kantine und kaufen uns im Supermarkt ein Sandwich, tippen unseren PIN bei einer Kassiererin ein, mit der wir nicht einmal Blickkontakt haben, geschweige denn ein Wort wechseln. Viele von uns essen alleine. Unterhaltungen und geschäftliche Absprachen werden über die Computertastatur geführt. Wir gehen nach Hause, um alleine fernzusehen, und die Leute aus dem Marienhof wiederzutreffen. Aber wir kennen nicht einmal den Namen unseres direkten Nachbarn.

Es ist heutzutage recht einfach, durch den Tag zu kommen, ohne je wirklich Augenkontakt mit einem anderen Menschen aufzunehmen. Unser Alltag ist so sehr mit Technik überfrachtet, dass wir in der Lage sind – oder sogar dazu aufgefordert werden –, menschlichen Kontakt zu vermeiden. Das geht sogar so weit, dass wir jeden Menschen, der dann doch mal auf der Straße oder im Zug ein Gespräch anfängt, sofort voll Argwohn beäugen.

Als ich noch ein kleiner Junge war – in meiner Grundschule gehörte damals noch ein Hut zur Schuluniform –, brachte meine Mutter mir bei, ihn jedes Mal zu ziehen, wenn ich auf der Straße an einem Erwachsenen vorbeiging, und „Guten Tag" zu sagen. Ich muss gestehen, dass ich dieses freundliche kleine Ritual niemals ganz abschütteln konnte. Ich fange im Zug keine Unterhaltung an – jedenfalls nicht oft –, aber wenn ich draußen mit dem Hund spazieren gehe, dann grüße ich die Leute im Vorbeigehen. Erst heute Morgen guckte mich eine Frau, die auch ihren Hund spazieren führte, voller Entsetzen an, als ich „Guten Morgen!" sagte, und wich meinem Blick sofort aus.

Was ist nur mit uns passiert? Wie kommt es, dass wir voneinander so isoliert sind und dass wir vor unseren eigenen Nachbarn so viel Angst haben? Wir haben erfolgreich unsere tiefe Überzeugung verraten, dass wir zueinander gehören, weil wir alle Teil der Menschheit sind. Und ist dieser Eckstein erst einmal weg, fällt auch der Rest leicht zusammen. Unser ganzes moralisches und gemeinschaftliches Grundgerüst beruht auf der Annahme, dass ich meines Bruders Hüter bin. Dass Menschen zueinandergehören. Dass es so etwas wie eine gemeinsame Menschlichkeit und ein gemeinsames Wohl gibt. Und für Christen bedeutet diese Lebensweise, dass wir uns dessen bewusst sind, dass wir, wenn wir einander Hilfe oder Freundschaft anbieten, sie dann Christus selbst anbieten.

Nur eine tiefe Wertschätzung für den anderen, die daraus entsteht, dass wir gemeinsam im selben Moment leben, kann uns noch retten. Ja, wir müssen lernen, wann es besser ist, den Mund zu halten, aber wir müssen genauso lernen zu erkennen, wann es angebracht ist, die Stimme zu erheben und ein Gespräch anzufangen, und uns an all die Gründe erinnern, warum unsere Eltern uns beigebracht haben, dass es wichtig ist, „danke“ und „bitte“ zu sagen. Diese guten Manieren sind das Öl im Getriebe menschlicher Zivilisation, verändern fast unmerklich die Art und Weise, wie Menschen sich gegenseitig anschauen, und geben anderen Menschen die Gelegenheit, innezuhalten und die Realität zu erkennen, die sich vor ihnen ausbreitet. Aber das kann nur geschehen, wenn wir selbst die Stille fördern, aus der diese Art von Respekt entstehen kann.

Wenn wir zur richtigen Zeit auch einmal die Stimme erheben, hat das noch einen anderen positiven Nebeneffekt. Wenn wir lernen, andere zu achten, wenn wir ihre kreative Individualität und unsere Abhängigkeit voneinander anerkennen, werden wir auch eine Leidenschaft für Themen der sozialen Gerechtigkeit entwickeln. Die Ungleichheit und die Ungerechtigkeiten, die unsere Welt korrumpieren und dazu führen, dass wir Menschen uns gegenseitig verleugnen und ausgrenzen, werden uns nicht länger unberührt lassen. Wir werden die große Not in der Welt und all der Menschen darin sehen und erkennen, dass wir unser eigenes Wohlbefinden nicht von dem der anderen Menschen trennen können. Ihre Nöte sind auch unsere Nöte. Ihre Sorgen sind unsere Sorgen. Wenn sie leiden, leiden auch wir. Wenn sie die Opfer von Ungerechtigkeit werden, dann sind wir auch davon betroffen. Wir lernen zu verstehen, dass es unmöglich ist, das Geschenk des Lebens wirklich zu genießen, wenn anderen Menschen die lebenswichtigen Dinge, die für uns normal sind, verweigert werden.

Wir lernen auch zu verstehen, dass unser eigenes Handeln anderen Menschen Leid zufügen kann: wenn wir zum Beispiel den Wasserhahn beim Zähneputzen laufen lassen, Altglas nicht recyceln; oft mit Auto und Flugzeug reisen oder wenn wir es zulassen, dass Häuser gebaut werden, die viel Energie verschwenden. Und so weiter. Je mehr Leute sich wirklich gegenseitig wahrnehmen und achten, desto eher werden sie sich gegen die selbstsüchtige Gleichgültigkeit aussprechen, die es so vielen von uns erlaubt, so zu tun, als ob die Belange der Welt uns nichts angingen.

Der Lärm der Welt um Sie herum kann viel zu leicht die Stimme Gottes in Ihrem Innern übertönen. Das verführerische Geschrei lenkt Sie immer wieder ab. An jeder Ecke lauert man Ihnen auf: Jemand macht Ihnen ein Angebot, will Ihnen etwas verkaufen, von dem Sie nicht einmal wussten, dass Sie es brauchen oder wollten, bis die glänzende Verpackung Sie schließlich überzeugt, dass Sie nur dieses kleine Extra brauchen, um endlich begehrenswert zu sein. „Kauf mich, liebe mich, benutze mich", ruft die Welt mit beharrlich schriller Stimme.

Wenn wir lernen, still zu sitzen, langsamer zu werden und zu wissen, wann wir schweigen und wann wir reden sollen, lernen wir auch, uns anders durch das Leben zu bewegen. Wir bemerken die leise innere Stimme neben all den lauten Stimmen von draußen. Wir werden anfangen, uns nach Stille zu sehnen, ruhige Orte aufzusuchen, im Moment zu leben und einen einfachen Lebensstil anzustreben.

Freundschaften und Beziehungen werden dadurch zu einem ganz neuen Vergnügen. Wir treffen uns nicht mehr nur mit Leuten, die etwas für uns tun können. Sondern wir schätzen sie für das, was sie sind, und unser Leben wird durch sie bereichert. Andere Menschen sind nicht nur Statisten im universellen Drama unseres Lebens, sondern Weggefährten, mit denen wir Gemeinschaft entdecken, denen wir Bestätigung, Ermutigung und Ratschläge geben und von denen wir ebendies auch zurückbekommen.

Die ganz einfachen Dinge des Lebens bereiten uns plötzlich ein ganz neues Vergnügen und erhalten einen neuen Zweck. Einen Tee zuzubereiten wird zum Genuss. Die Fahrt zur Arbeit zu einem Abenteuer. Eine Mahlzeit zu kochen zu einer Entdeckungsreise. Und sie dann zu essen zu einem aufregenden Vergnügen. Gänseblümchen auf der Wiese werden zu einer Einladung, die Schöpfung Gottes zu erkunden. Wenn wir im Dunkeln stehen, können wir alles sehen. Und wir entdecken, dass der Asphalt auf der rechten Spur golden glänzt.

Wie ein Bergsteiger, der sich langsam an der Steilwand zum Gipfel hocharbeitet, können auch wir uns Stille in unserem geschäftigen Alltag erarbeiten und dann entdecken, dass es trotz allem Lärm und aller Ansprüche möglich ist, inmitten von allem einen inneren Frieden zu finden, der uns erhält und trägt, selbst wenn der Druck von außen kaum auszuhalten ist.

Und damit wir gar nicht erst anfangen zu glauben, dass das unsere eigene fantastische Leistung sei und dass wir eigentlich doch ganz außergewöhnliche Menschen seien, sollten wir uns daran erinnern, dass wir, wenn wir die Stille – und diese Langsamkeit und Ruhe – entdecken, dabei auch Gott entdecken. Wir finden Gottes Gegenwart in uns und in allem um uns herum. Das steigert unsere Empfänglichkeit für Wunder und wir sehnen uns danach, uns am Leben satt zu essen. Denn alles sieht so herrlich aus.

Gleichzeitig ist es möglich, eine tiefere Dankbarkeit für das zu entwickeln, was Sie bereits haben, ohne es besitzen zu müssen. Diese Dinge sind weitere Teile des Netzwerkes der unglaublichen Schöpfung, die Gott mit seiner Liebe zum Leben erweckt hat. Und Sie können sie deshalb wertschätzen, weil Sie sich selbst nicht mehr in den Mittelpunkt stellen. Sie sind lediglich ein kleiner Teil des Ganzen, und dafür sind Sie dankbar.

Das alles führt zu einer Art des Betens, die Christen als Anbetung bezeichnen. Es ist vielleicht die höchste Form des Betens überhaupt. Es ist eine Art, die Welt zu betrachten, die mehr sagt als nur „danke" – auch wenn das immer der erste Schritt ist. Je mehr unser Leben von Dankbarkeit geprägt ist, desto mehr entdecken wir die Quelle dieser Dankbarkeit, die bereits in unserem Herzen sprudelt. Und je mehr wir daraus schöpfen, desto tiefer wird diese Quelle und desto mehr löscht das Wasser unseren Durst.

Es ist eine bestimmte Art zu lieben. Wir beten Gott an, der sich uns in den Wundern unseres Alltags offenbart. Wir freuen uns an den kleinen Dingen, die unsere Tage schön machen. Wir schwärmen für die Welt und sehnen uns danach, dass ihr wunderbares Gleichgewicht aufrechterhalten wird. Aber wir sehnen uns auch danach, die selbstsüchtigen und gierigen Tendenzen umzudrehen, die dafür sorgen, dass wir Armut und Ungerechtigkeit schon längst als traurige Tatsache akzeptieren, statt darin die offensichtliche Kehrseite unseres eigenes Reichtums zu erkennen. Es ist, als ob wir die Welt mit Gottes Augen sähen.

Und wenn wir nur ein paar Momente still sitzen, dann entdecken wir, dass der Tee besser schmeckt, wenn man vorher die Kanne angewärmt hat.

KAPITEL 11

Endlich ein freier Tag!

Der Himmel ist ein viel zu ernster Ort zum Arbeiten. Man wird dort nur tanzen und spielen.

C. S. Lewis

Eine der großen Freuden des Vaterseins ist es, seinen Kindern abends Gute-Nacht-Geschichten vorzulesen. Man ist dann einfach gezwungen innezuhalten. Die Geschichten lassen unsere eigene Kindheit wieder lebendig werden. Und zu jeder Geschichte wird gekuschelt. Was könnte es Besseres geben?

Ganz besonderen Spaß gemacht hat mir immer „Pu der Bär". Ich habe es nie geschafft, das letzte Kapitel von „Pu baut ein Haus" zu Ende zu lesen, ohne zu weinen. Es tut richtig weh, so traurig ist es. Es ist das Kapitel, in dem Christopher Robin fort zur Schule muss. Nach einem Abschiedstreffen nimmt er Pu mit an einen verzauberten Ort auf der anderen Seite des Waldes und versucht, ihm das große Geheimnis des Erwachsenwerdens zu erklären. Aber das ist eine Sache, die er selbst kaum versteht, und so fällt es ihm schwer, die Worte zu finden, um die großen Veränderungen zu beschreiben, die ihm bevorstehen, und all die enormen Dinge, die er zurücklassen muss.

Während sie gehen, unterhalten sie sich über dies und das, und Christopher Robin fragt Pu, was er am liebsten auf der Welt tut. Erst sagt Pu, dass er am allerliebsten Honig isst, aber dann fällt ihm ein, dass es noch einen Augenblick gibt, kurz bevor man den Honig isst, der noch besser ist als das eigentliche Essen, aber er weiß nicht, wie es heißt.

Für mich ist das ein sehr tiefgründiger Gedanke, aus dem eine echte Wertschätzung für die herrlichen Geschenke des Lebens spricht. Manche Dinge sind so wunderschön, so befriedigend, so begehrenswert, dass die Vorfreude darauf, sie zu besitzen, fast besser ist als der Moment, in dem man sie dann tatsächlich hat. Auch wenn Sie davon ganz überwältigt sind, dass Sie etwas geschenkt bekommen, so ist es manchmal doch auch etwas ganz Besonderes, diesen Moment der Vorfreude auszukosten.

Es gibt einige Klavierstücke, die mir dieses Gefühl geben. Ich denke dabei natürlich an ein paar ganz bestimmte Stücke – darunter Chopins „Nocturne" oder Mendelssohns „Lied ohne Worte". Sie kommen mir in den Sinn, weil meine Mutter sie immer gespielt hat und sie mich scheinbar mein Leben lang begleiten. Aber ich denke nicht nur an die Musik oder an die Erinnerungen, die damit verbunden sind, sondern auch daran, wie merkwürdig es eigentlich ist, dass Musik ja nur aus Noten und den Pausen zwischen den Noten besteht. Und dass das einerseits beim Komponieren der Musik festgelegt wird, andererseits aber mit jeder neuen Interpretation neu geschaffen wird. Wenn es ein sehr vertrautes Stück ist und Sie zum ersten Mal eine andere Version davon hören, dann gibt es manchmal einen Moment banger Anspannung: nämlich wenn der Pianist für den Bruchteil einer scheinbar unendlichen Sekunde innehält und die Erwartung auf diese eine lang ersehnte Note, die folgen wird, die Schönheit der Musik sogar noch steigert, wenn sie dann tatsächlich erklingt.

Könnte nicht das ganze Leben ein solcher Moment ekstatischer Vorfreude sein, wenn man darauf wartet, dass das Musikstück vollendet wird, das man bereits kennt: die Musik der Schöpfung, die auch mich erschaffen hat, die im Universum um mich herum spielt und die von dem Gott stammt, der auch mich gebildet hat?

Meistens muss die Antwort darauf wohl „nein" lauten. In den meisten Fällen bin ich zu beschäftigt mit meinen eigenen Zielen und Alltagssorgen, bin ich zu egoistisch und selbstsüchtig, um in die Vielfalt von Möglichkeiten einzutauchen, die sich vor meinen Augen entfalten. Aber manchmal ist es auch anders. Und nur darum geht es auch in diesem Buch – um die permanenten, wenn auch flüchtigen Eindrücke von diesen Abweichungen und die Hoffnung darauf, dass sie sich vervielfältigen und mein Leben und die Welt verändern mögen. Oder, mit anderen Worten: Wenn Sie anfangen, ein Verständnis dafür zu entwickeln, dass alles, was Sie erleben, von Gott kommt, dann können Sie jeden Moment in Vorfreude auf das Glück leben, das Sie erwartet, wenn Sie Gott von Angesicht zu Angesicht begegnen.

Aber Pu hat sogar eine noch tiefere Weisheit weiterzugeben. Es gibt etwas, was sogar noch besser ist als die Vorfreude darauf, Honig zu essen. Nämlich das Zusammensein mit den Leuten, die er lieb hat. Er kommt zu dem Schluss: „Das Beste auf der ganzen Welt ist, wenn ich und Ferkel dich (Christopher) besuchen kommen und du sagst: Wie wäre es mit einem kleinen Imbiss?, und ich dann sage: Gegen einen kleinen Imbiss ist eigentlich nichts einzuwenden, oder was meinst du, Ferkel?, und draußen ist ein Tag, in dem irgendwie Gesumm drin ist, und die Vögel singen."

An dieser Stelle fügt Pu dann zu seiner ersten Beobachtung hinzu: Neben dem Schönen selbst liegt das wahre Glück auch in der Vorfreude auf das Schöne, aber dieses Schöne kann nur wirklich ausgekostet werden, wenn es mit anderen Menschen (oder Wesen) geteilt wird.

Ich kann diese Passage nicht lesen, ohne dabei an ein christliches Sakrament zu denken: das Feiern des Heiligen Abendmahls, das den Kern christlicher Anbetung ausmacht. Hier werden Brot und Wein gebrochen und geteilt im Andenken an das Mahl, das Jesus vor seinem Tod zusammen mit seinen Freunden gehalten hat. Das Abendmahl hat aber eine tiefere Bedeutung als nur die der Gemeinschaft. Es ist ein Gleichnis für die Bedeutung seines Todes am Kreuz. Genauso wie das Brot gebrochen und der Wein vergossen wird, wurde Jesu Leib am Kreuz gebrochen und sein Blut vergossen. Das ist das Leid, das er ertragen musste, bevor er auch sein wiederauferstandenes Leben mit uns teilen konnte.

In der christlichen Abendmahlsfeier empfangen wir das Leben Christi. Sein Leben wird mit uns geteilt. Das Brechen des Brotes und das Vergießen des Weines erinnern uns an sein Handeln und bringen uns der Bedeutung des Kreuzes näher. Christen glauben, dass Gott das Brot und den Wein benutzt, um diejenigen zu stärken, die im Glauben an ihn zu ihm kommen. Die Einladung, Brot und Wein miteinander zu teilen, und das Ritual selbst sind eine Vorbereitung auf den zeitlosen Moment in Gottes Ewigkeit, wenn wir in seiner Gegenwart sind und uns an die himmlische Tafel setzen. Mit anderen Worten: Es ist ein Mahl mit vielen Freunden, bei dem wir das ewige Leben erhalten, auf das das Mahl hinweist.

Dann ist es wieder an Christopher Robin, seine eigene Frage zu beantworten. Und seine Antwort führt uns zurück zur zentralen Frage dieses Buches und zu der großen Sabbatruhe, die in der jüdischen und christlichen Tradition als Höhepunkt von Gottes Schöpfung beschrieben wird. „Aber was ich am liebsten tue, ist gar nichts." „Wie tut man gar nichts?", fragte Pu nach langem Grübeln. „Das ist, wenn man es gerade tun will und die Leute wollen von einem wissen: Und was willst du jetzt machen, Christopher Robin? Und dann sagt man: Och, gar nichts, und dann tut man's einfach. Es bedeutet, dass man einfach so vor sich hin geht, sich alle Sachen anhört, die man nicht hören kann, und sich nicht weiter drum kümmert."

Sich die Sachen anhören, die man nicht hören kann. Die Sachen sehen, die man nicht sehen kann. Die Sachen lieben, die man nicht fühlen kann. Hier kommen wir der chaotischen Absurdität des christlichen Glaubens sehr nahe. Im Kern geht der christliche Glaube nämlich davon aus, dass die innigste Realität in den Dingen ruht, die wir nicht sehen oder hören können. Der Glaube, sagt das Neue Testament, ist eine feste Zuversicht auf das, was man hofft, und ein Nichtzweifeln an dem, was man nicht sieht (Hebr. 11,1).

Die Welt um uns herum ist real, sie ist schön und wir können Gott darin entdecken. Aber sie wird auch vergehen. Das ist das Sicherste, was wir über alles Geschaffene wissen. Es lebt und stirbt. Die Erde bewegt sich unaufhörlich auf ihrer Bahn um die Sonne und bekommt von ihr die Energie, die sie zum Leben braucht. Aber selbst die Sonne wird irgendwann ausbrennen und auch dieses Universum, das sich unaufhaltsam ausdehnt, wird eines Tages, wenn selbst die Zeit aufhört, in sich selbst zusammenfallen und nicht mehr da sein. Dieses Leben und Sterben umgibt uns. Man sieht es im Wechsel der Jahreszeiten, in jedem kleinen Tod, der das menschliche Leben ausmacht, und auch in den großen schmerzlichen Tragödien einzelner Schicksale, die gebrochen oder verloren sind. Dem können wir nicht entrinnen. Es begleitet Sie jeden Tag und es erwartet Sie auch an dem Tag, der Ihr letzter sein wird.

Aber es gibt noch eine tiefere Realität. Keine Realität, die von dem, was wir sehen und hören, getrennt ist, sondern eine, die dahinter und dazwischen liegt, eine Realität, die keinen Anfang und kein Ende hat, die nicht geschaffen wurde, aber auf der alles andere ruht. Es ist absolut möglich, dass man durch das Leben geht, ohne sie jemals zu bemerken. Es ist möglich, sie stark in Zweifel zu ziehen und ihr keinen Glauben zu schenken. Es gibt viele Indizien für die Annahme, dass eine solche Behauptung nur sentimentaler Unsinn ist. Erdbeben, Krebs, Hass und Vorurteile tun alle mehr als genug dafür, jeden Funken Hoffnung zu ersticken, dass das Universum doch gut sein könnte. Und doch lebt diese Hoffnung weiter. Sie lebt auf Tuchfühlung mit Not und Gefahren, und trotz dieser immensen Fähigkeit von uns frei denkenden Menschen, zu erschaffen und zu zerstören, hoffen die Menschen doch weiter.

Menschen hoffen immer weiter, weil die Dinge, die wir nicht sehen, die Dinge, die wir nur fühlen und glauben können, komischerweise mehr Gewissheit zu haben scheinen. Durch sie erhaschen wir einen Blick auf Gottes mögliche Existenz und trauen wir uns, zu hoffen, dass es auch nach unserem letzten Atemzug, nach unserem letzten Moment hier auf der Erde noch etwas gibt. Dieses Etwas heißt die ewige Gegenwart Gottes. Es ist eine Gegenwart, die unser Universum erschaffen hat und es erhält. Es ist eine Gegenwart, die uns am Ende erwartet. Wenn wir sie einzufangen versuchen, entweicht sie. Denn es handelt sich nicht um einen Gott, den man festnageln oder umklammern oder mit Definitionen und Dogmen eingrenzen kann. Viele gute Menschen, die versucht haben, die Gegenwart Gottes zu definieren oder einzufangen, haben sie dadurch zerstört. Die Regeln und Vorschriften, die für Religionen gelten, haben oft genug das Leben des Geistes erdrückt. Trotzdem lehren uns die großen Religionen dieser Welt, tastend über uns hinauszugreifen. Ihre Definitionen und Dogmen sind keine Schubladen, sondern eher Beete, nährstoffreiche Erde, in der Glaube und Hoffnung wachsen können. Und der christliche Weg – diese Religion, die keine Religion ist – ist ein merkwürdiges, interaktives Theaterstück, in dem der unsichtbare Gott Mensch wird und uns zu einer anderen Art des Lebens einlädt, in der jeder Moment ein Vorgeschmack auf die Ewigkeit ist und eine Gelegenheit, die Gegenwart Gottes zu erkennen und zu feiern.

In der Schöpfungsgeschichte am Anfang der Bibel wird uns erzählt, dass Gott sechs Tage lang am großen Schöpfungswerk arbeitete; aber am siebten Tag, als er das Gute und die Harmonie sah, die er gemacht hatte, ruhte er aus. Diesen siebten Tag hat Gott geheiligt. Es ist ein Tag der Ruhe und des Feierns, der uns durch die Schöpfung geschenkt wurde. Aber auch das vierte der Zehn Gebote sagt: Du sollst den Sabbattag heiligen.

In unserer stressigen westlichen Welt ist uns schon lange der Sinn für einen solchen besonderen Tag der Ruhe und Erholung verloren gegangen. Sonntage sind so wie alle anderen Tage in der Woche. Die Grenzen zwischen den verschiedenen Wochentagen, den Jahreszeiten und heutzutage sogar zwischen Tag und Nacht sind verwischt. Das ist ein furchtbarer Verlust. Die Menschen verlieren dadurch den Rhythmus und Rahmen für ihr Leben. Und damit wird der Druck, immer beschäftigt und produktiv zu sein, noch größer. Es bleibt weniger Zeit für Familie, weniger Zeit für Freizeit und weniger Zeit für Erholung, die ja eigentlich der Sinn der Freizeit ist.

Christen und Nichtchristen verspüren wahrscheinlich gleichermaßen den Drang, wieder zu einem geordneteren Wochenrhythmus zurückzukehren, aber es sieht nicht so aus, als ob dies in nächster Zukunft passieren wird. Statt ein Rückzugsgefecht anzuzetteln, um den Sonntag freizuhalten, wäre es also vielleicht besser, erst einmal zu überlegen, wie Sie Sabbatzeiten in den Zeitplan und Rhythmus Ihres momentanen Lebens einbauen können. Das ist genau die Disziplin der Langsamkeit und des Schweigens, die wir im letzten Kapitel kennengelernt haben. Dies legt den Sabbat wieder frei und schafft einen Ort der Ruhe, wo Freude und Zufriedenheit gedeihen können.

Lassen Sie uns also mehr Zeit damit verbringen, die Dinge zu hören, die wir nicht hören können, und dabei den Dingen näher zu kommen, die wir nicht sehen. Das wird uns nicht nur auf den Himmel vorbereiten, sondern es gibt uns auch die Gelegenheit, das himmlische Leben, also den wahren Sabbat, schon hier zu leben.

Indem wir nichts tun, indem wir ernsthaft versuchen, auszuruhen und uns gehen zu lassen, indem wir die Illusion platzen lassen, dass Bedeutsamkeit und Wert nur in Hektik und sogenannter Produktivität zu finden seien, indem wir lernen, den gegenwärtigen Moment wertzuschätzen, entdecken wir, dass Gott am besten in den Pausen zwischen den Noten und zwischen den Zeilen gefunden werden kann. Wir werden nicht unerwartet von der wilden und geheimnisvollen Schönheit der Welt gepackt, wenn wir uns anstrengen oder hart arbeiten, nicht einmal dann, wenn wir besonders gut sind, sondern dann, wenn wir die Welt vergessen, schlafen oder träumen. Das ist die Art von Sabbatruhe, die uns in den christlichen Schriften verheißen wird: ein Ort, wo wir nach Hause kommen, und ein Ort der Kreativität.

Also: Schalten Sie den Fernseher aus, legen Sie dieses Buch zur Seite, schließen Sie die Augen, atmen Sie tief ein, träumen Sie, tun Sie nichts, außer den Sachen zuzuhören, die Sie nicht hören können. Pflegen Sie Ihren inneren Faulpelz. Vielleicht werden Sie sogar feststellen, dass Sie anfangen zu beten – nicht unbedingt mit vielen Worten, aber indem Sie die Intimität von Gottes Gegenwart und die zerbrechliche Schönheit jedes einzelnen Momentes genießen.

Um es anders auszudrücken: Stehen Sie hier nicht nur rum, setzen Sie sich!

KAPITEL 12

Ein letzter Gedanke

Es gibt diese sehr seltenen Momente, wenn Musiker gemeinsam etwas erleben, was herrlicher ist als alles, was sie jemals zuvor in Proben oder Aufführungen erlebt haben. Sie spielen nicht einfach nur gut und technisch perfekt zusammen, sondern ihre Musik wird so leicht und anmutig, wie sich Freundschaft oder Liebe anfühlen kann. Dann lassen sie uns einen winzigen Blick darauf erhaschen, wie wir sein könnten, die beste Version von uns in einer unmöglichen Welt, in der wir alles, was wir haben, anderen geben, aber selbst nichts dabei verlieren.

Ian McEwan, Saturday

Viele Menschen führen heutzutage ein Leben in Anspannung und Angst. Alles scheint seinen Sinn verloren zu haben. Um uns herum gibt es überall nur Stress, Zusammenbrüche und Enttäuschungen. Menschen fühlen sich leer. Einst gab es da eine Zeit, in der das Leben noch verheißungsvoll war, aber das ist ihnen abhanden gekommen, und nichts, so scheint es, kann es wiederbringen. Der einzige Sinn, der noch übrig ist, ist der, einfach zu überleben – ein eher unbefriedigendes Leben, in das sie hier und da noch ein bisschen Behaglichkeit hinübergerettet haben.

Manche Menschen hoffen darauf, im Lotto zu gewinnen. Das würde natürlich in der Tat eine große finanzielle Erleichterung bedeuten, aber die eitle Hoffnung, die darin geweckt wird, ist einfach nur eine sehr hohe Dosis von dem, was uns überhaupt erst so hoffnungslos hat werden lassen. Es ist bloß ein neuer Weg, auf Kosten anderer unser Glück zu finden.

Und selbstverständlich gewinnen die meisten von uns nicht. Die meisten leben von einem Tag zum nächsten, zunehmend frustriert über die Vergänglichkeit des Lebens, verwirrt und zutiefst verbittert darüber, dass die Liebe sie im Stich lässt und Beziehungen zerbrechen, sie grämen sich um verpasste Gelegenheiten und haben Angst vor einer stetig kürzer werdenden Zukunft. Das Leben rinnt uns durch die Finger und wir geben uns mit Kompromissen zufrieden, stellen resigniert fest, dass jegliche Hoffnung, die wir einst gehabt haben, verloren ist, pflegen einen geschmeidigen Zynismus all denen gegenüber, die andere Lebenskonzepte haben, und erwarten verbittert die unwillkommene Endgültigkeit des Todes. Das ist die Realität, in der so viele Menschen am Anfang des 21. Jahrhunderts ihr Leben verbringen. Die Verwüstungen des letzten Jahrhunderts haben allen Optimismus hinweggefegt.

Aber all das kann verändert werden. Im Handumdrehen und ohne große Anstrengung, oder zumindest ohne auf einen überlegenen Intellekt oder besondere Fähigkeiten angewiesen zu sein. Es ist einfach nur eine ehrliche Anerkennung dessen nötig, wer wir sind – individuelle, soziale und kreative Wesen, die im Ebenbild Gottes geschaffen sind. Es gibt einen Sinn im Leben, aber dieser kann nur in der Gemeinschaft mit Gott gefunden werden, und das heißt gleichzeitig auch: in der Gemeinschaft mit anderen Menschen.

Eine gute Analogie (auch wenn alle Analogien wohl etwas hinken) ist die von einem Schloss und einem Schlüssel. Ein Schlüssel ist auch ohne Schloss vollständig. Er kann kein besserer Schlüssel werden. Dem Schlüssel fehlt nichts. Aber bis zu dem Moment, wo er im Schloss steckt und herumgedreht wird, erfüllt er nicht den Zweck, zu dem er angefertigt wurde. Genauso sind wir für die Gemeinschaft mit Gott gemacht.

Oder nehmen Sie die beiden Notensysteme bei Klaviernoten: Wenn man die linke Hand allein spielt, ist das wunderschön, und wenn man nur sie hört, scheint sie vollständig zu sein. Aber wenn die Noten der rechten Hand dazukommen, sind die der linken dadurch nicht entwertet. Sie sind immer noch deutlich zu hören, aber jetzt als Teil einer wunderschönen eingängigen Harmonie – so schön, dass man nie mehr auf die Idee kommen würde, sie allein zu spielen. Es ist eine neue, transzendente Erfahrung dessen, was schon da ist. Die Noten der linken Hand werden vervollständigt, aber durch die neue Melodie auch völlig verändert. So ist es, wenn Ihr Leben partnerschaftlich und harmonisch mit Gott gespielt wird. Er ist Ihr Komponist.

Sie können ohne Gott halb glücklich sein, halb zufrieden, halb erfüllt, halb vollkommen. Aber dieses Gefühl wird nicht lange anhalten. Das Glas wird bald nicht mehr halb voll, sondern halb leer aussehen. Aber bis Sie das Flüstern der Melodie hören, die Gott spielt, um Sie zu begleiten und Ihre Einzelstimme zu bereichern, wird da immer das nagende Gefühl bleiben, dass etwas fehlt. Nicht ein Loch in Ihrem Leben, das gefüllt werden muss, sondern eine Dimension, die darauf wartet, gehört und erlebt zu werden.

Wenn ich zu Hause gestresst bin oder wenn mir die bohrenden Sorgen einer Midlife-Crisis das Herz klamm werden lassen, dann schaut mich mein halbwüchsiger Sohn etwas müde und mitleidig an und empfiehlt mir, mich mal locker zu machen. Oder er sagt, ich solle doch mal tief durchatmen. Oder er sagt: „Entspann dich, Papa, dann lebst du auch länger." Normalerweise bringen mich sein herablassender Ton und dieses unangebrachte Selbstbewusstsein, das nur Jugendliche haben können, auf die Palme. Aber jetzt merke ich natürlich, dass er recht hat. Ich muss tatsächlich langsamer machen. Ich muss tatsächlich entspannen. Ich muss tatsächlich mal tief durchatmen. Vielleicht lebe ich dann nicht unbedingt länger, aber ich werde ganz bestimmt besser leben und auf jeden Fall anders. Und wenn ich einmal innehalte, werde ich mein Leben anders wahrnehmen und die Welt anders wahrnehmen. Ich werde eine größere Chance haben, im Einklang mit Gott zu sein und die Musik seiner Liebe spielen zu hören und damit auch mehr mit mir selbst im Einklang zu sein.

Und so werde ich den Sinn des Lebens entdecken. Den Sinn, den meine ganzen oberflächlichen Ängste vor mir verbergen. Ich werde den Sinn und Zweck hinter der Verlangsamung, dem tiefen Atmen und Entspannen entdecken. Und ich werde herausfinden, dass Gott meinem Leben einen Sinn gibt. Aber dies ist ein Sinn, eine Absicht, die man nicht in menschlichen Errungenschaften messen kann, sondern die sich entwickelt, wenn ich es schaffe, im Hier und Jetzt zu sein: zur Ruhe zu kommen, mich zu vergnügen und zu genießen. Und dieses Ruhen im Hier und Jetzt ist keine blöde Gute-Laune-Philosophie, die Weisheiten von sich gibt wie: „Dies ist der erste Tag vom Rest Ihres Lebens!" Ich weiß nämlich bereits, dass gestern der erste Tag war und ich mein Leben heute nicht in Angst vor dem leben möchte, was einmal passiert ist, sondern dass ich damit versöhnt werden kann. Ich werde aus meiner Vergangenheit lernen und gehe einer Zukunft entgegen, die eine heilige Serie kostbarer Momente ist, von denen jeder einzelne Gottes Gegenwart und Schönheit offenbart. Meine Vergangenheit und meine Zukunft treffen sich dort. Sie schließen mein Sein in Gottes ewiger Gegenwart von beiden Seiten ein, führen dorthin und führen darüber hinaus. Und wenn es mir gelingt, einfach nur in einem dieser Momente zu ruhen, die hoffentlich noch vor mir liegen, dann werde ich den Himmel schmecken. Dann werde ich Gottes Musik hören und mich selbst in dem großen Choral der Anbetung wiederentdecken. Und ich werde besser auf das vorbereitet sein, was kommt – sowohl auf das Leben danach als auch auf die noch folgenden Momente auf der Erde.

Ich werde herausfinden, dass ich beten kann: und zwar kein verbissenes, dogmatisches Gebet, für das ich mir mühsam in meinem Alltag Zeit freikämpfen muss. Ich werde lachen und weinen über all den Wahnsinn und all die Schönheit in der Welt. Ich werde die Fähigkeit entdecken, mich an den Menschen und Dingen um mich herum zu freuen, und ich werde ihnen das Beste wünschen und sie mit so viel liebevoller Aufmerksamkeit bedenken, dass ich vielleicht sogar anfange, Gottes Sehnsucht nach einer gerechten und fairen Weltordnung mitzufühlen.

Ich werde mich selbst als kostbaren, lebendigen und wunderschönen Faden im Teppich von Gottes Schöpfung betrachten. Aber ich will auch anerkennen, dass ich nur einer von vielen bin und dass die Sorge um mein Wohlbefinden mich nicht von dem Wohlbefinden der restlichen Welt trennen darf. Ich werde mich an der unglaublichen Tatsache berauschen, dass ich überhaupt erschaffen worden bin. Ich werde erkennen, dass allein die Tatsache meiner Existenz – die vielen Zellen, die sich zu diesem speziellen einmaligen Arrangement eines menschlichen Lebens verbunden haben – einfach unfassbar und unwiederholbar und unendlich schön sind. Ich bin vom ersten Moment der Schöpfung an in den Gedanken Gottes gegenwärtig.

Und dann werde ich mich zurücklehnen und ganz mit mir selbst im Reinen sein. Und mit ein wenig Glück, und wenn gerade niemand guckt, werde ich wahrscheinlich einschlummern und ein unverdientes Nickerchen machen. Und ich werde dabei lächeln.

Jesus betete: Mein Vater, Herr über Himmel und Erde! Ich danke dir, dass du die Wahrheit vor den klugen und Gebildeten

verbirgst und sie den Unwissenden enthüllst. Ja, Vater, so entspricht es deinem Willen. Kommt alle her zu mir, die ihr euch abmüht und unter eurer Last leidet! Ich werde euch Ruhe geben. Lasst euch von mir in den Dienst nehmen und lernt von mir! Ich meine es gut mit euch und sehe auf niemanden herab. bei mir findet ihr Ruhe für euer leben. Mir zu dienen, ist keine Bürde für euch, meine Last ist leicht.

Matthäus 11,25.26.28-30

Danksagungen

Ich widme dieses Buch all denjenigen, die mir geholfen haben, Freude und Sinn im Leben zu finden: meinen Eltern, die mir ein solides Fundament der Liebe geschenkt haben; meinen Brüdern und Schwestern für ihre Gemeinschaft; Rebecca für die Abenteuer unseres gemeinsamen Lebens; meinen Kindern, weil sie mir immer wieder die Augen für Wunder und Vergnügen öffnen; all den Menschen, deren Pfarrer ich war und an deren Leben ich teilhaben durfte, an den unglaublichen Freuden, aber auch an unsagbarem Leid; all den Freunden, deren Leben das meine gekreuzt haben. Und in diesen Beziehungen und Freundschaften sind die kleinen, von Gnade erfüllten Momente entstanden, die mein Leben ausmachen: zuhören, wie meine Mutter Chopin spielt, den Pen-y-Ghent besteigen, ein ruhiger Tag im Rede House, Fahrrad fahren im Camel Tal. Ich habe so viel empfangen und es sind vor allem diese Momente und Begegnungen – und die Gnade, die sich in ihnen offenbart –, die dieses Buch hervorgebracht haben.

Ich bin auch denen dankbar, die diesen Text gelesen und viele hilfreiche Anmerkungen gemacht haben. Ich habe Rebecca das ganze Buch auf einer Fahrt nach Shropshire laut vorgelesen und daraufhin viele Änderungen vorgenommen. Kathryn Pritchard von Church House Publishing hat es wunderbar geschafft, mich zu motivieren, hart zu arbeiten, mein Ziel im Auge zu behalten und das Herz dieses Buches nicht zu verlieren: nämlich, dass wir, wenn wir geduldig und aufmerksam die Gegenwart erkennen, auch die Ewigkeit erfassen können.

Ein paar Dinge, die ich hilfreich fand

Drei Filme, die es schaffen, Lebensfreude zu verbreiten:

Babettes Fest
Cinema Paradiso
Ferris macht blau

Diese Bücher befreien den Zeitverschwender in Ihnen:

Generation X,
ein Roman von Douglas Coupland
(Goldmann 2004)

Staying Alive
ein Gedichtband von Neil Astley
(Bloodaxe Books 2002)

Health, Money, and Love:
And why we don't enjoy them,
ein vergnüglicher und provozierender Blick
auf den christlichen Glauben
von Robert Farrar Capon
(Eerdmans 1990)

Drei Musikstücke, die innere Träume anregen:

Chopins Nocturnes
Philip Glass' Violinkonzert
John Taveners The Protecting Veil

Stephen
Cottrell

AUF DIE KNIE,
fertig, los!

Die andere Art zu leiten

Menschen in Leitungsverantwortung haben viel zu tun. Das ist in Kirchen so, aber auch in anderen Zusammenhängen. Das Buch lädt ein, sich gerade dann nicht in übereilten Aktionismus zu stürzen. Sondern die Stille zu wagen, das Innehalten. Um dann nachhaltig und besonnen agieren zu können. Ein ermutigendes und hilfreiches Buch für Menschen, die in Gemeinde, Beruf oder Familie Leitungsaufgaben haben – gerade in der heutigen Zeit, in der Leistung und Erfolg gefragt sind. Es nimmt den Druck und macht Mut, mit Demut und zugleich voller Leidenschaft Verantwortung zu übernehmen. Um anderen zu helfen, ihr volles Potential auszuschöpfen!

Paperback - 96 Seiten
Preis: 8,90 €[D] (9,20 €[A] - 16,60 CHF)
ISBN: 978-3-7615-5764-8